Click.ology

What works in **online shopping** and how your business can use **consumer psychology** to succeed

让顾客一键下单

〔英〕格雷厄姆·琼斯（Graham Jones）◎著
盛杨燕 ◎译

CLICK.OLOGY
目录

- 前言　**零售行业行动指南**　001

- 第一部分　**一键下单的影响要素**

01　**人们为什么购物**　011
- ◎ 为满足自己的需要
- ◎ 为满足个人的欲望
- ◎ 为满足别人的要求
- ◎ 为满足社交的需求

02　人们选择线上购买的原因　023

- 消费者想节约时间
- 消费者有时想要低价产品
- 消费者想要买其他人买过的东西
- 消费者想要快速比价
- 消费者想要有真正的选择
- 消费者希望商品便于获取
- 消费者希望商品按自己的要求派送

03　洞悉消费者的线上购买行为　043

- 消费者是信息搜索者
- 无效搜索降低购买欲
- 移动设备，消费的主要工具
- 展厅效应，二维码触发快速响应
- 注意力的持续时间不断缩短
- 变化视盲与周边视觉
- 各式各样的网站设计，令消费者感到迷茫
- 不同类型的消费者有不同的行为
- 货比三家，拒绝不必要的消费
- 做比较越简单，越能留住消费者
- 线上零售业的巨大商机

目 录

- **第二部分　消费者线上购买的心理动机**

04　价格决定一切　081

- ◎ 启动效应，设置价格预期
- ◎ 用已有消费者，影响潜在消费者
- ◎ 选择合适的价格数字
- ◎ 价格显示方式对消费者的影响
- ◎ 打折和降价并不是消费者的需求
- ◎ "产品稀缺"比"特价优惠"更有吸引力
- ◎ 动态定价，透明是关键
- ◎ 比价是一把双刃剑
- ◎ 价格真的重要吗？

05　为什么放弃购物车　109

- ◎ 网上购物车手续烦琐
- ◎ 意想不到的支付问题
- ◎ 免邮费是有代价的
- ◎ 网络延迟让人沮丧
- ◎ 持续购物车，永久购物车
- ◎ 征税时刻
- ◎ 让人们购买计划之外的商品
- ◎ 刺激人购买，用细心的服务留住消费者
- ◎ 打造完美购物车的 8 个建议

06 让头回客变成回头客　125

- ◎ 优秀的服务值更多的钱
- ◎ 客户服务方案，网站是最重要的
- ◎ 制造惊喜，让消费者喜欢你
- ◎ 在线体验需要深度个性化
- ◎ 交谈有益，大数据是肤浅的
- ◎ 不执着大企业，只倾心好服务

07 消费是一项社交活动　143

- ◎ 分享，消费者的天性
- ◎ 在 Facebook 上与消费者交流
- ◎ 在 Twitter 上监控投诉
- ◎ 在 Pinterest 上展示产品
- ◎ 在 Google+ 上分享专业知识
- ◎ 打造社交媒体，更要制定社交媒体战略

08 信任感从何而来　159

- ◎ 相信他人所信任的
- ◎ 评论不一定是真实的
- ◎ 信任是一种直觉

09 所有骗局都会被揭穿　167

- ◎ 不好意思，你没得奖
- ◎ 没有人真心想帮你

- ◎ 榨取只会让你遭受重创
- ◎ 一口吃不成个胖子
- ◎ 嫉妒是一种负面情绪
- ◎ 诈骗行不通

10 打造完美的线上体验　181

- ◎ 让你的商品一目了然
- ◎ 简化每一个环节
- ◎ 收银台越明显越好
- ◎ 找到效果最好的颜色
- ◎ 选择可自由调整的购物车
- ◎ 激发消费者的参与感
- ◎ 释放安全信号

• 第三部分　**点击，让顾客一键下单**

11 线上零售业的未来　205

- ◎ 新事物不代表高难度
- ◎ 技术发展，零售业有更多可能
- ◎ 利基网点，集合不同供应商
- ◎ 售后服务是成功的关键
- ◎ 速度大比拼
- ◎ 网站的发展周期
- ◎ 实体店的危机

◎ 线上线下，互为补充

12 推动一键下单的 5 个步骤　225

◎ 便捷，提供真正的选择和控制
◎ 讨喜，喜欢你的消费者且让消费者喜欢你
◎ 信息，让一切清晰可见
◎ 定制，提供个性化的关怀
◎ 知识，通过专业知识赢得信任

● 参考文献　231

扫码下载"湛庐阅读"APP，
搜索"让顾客一键下单"
测一测你的网店能否让顾客一键下单！

前　言

零售行业行动指南

▼

CLICK.OLOGY

what works in online shopping and how your business can use consumer psychology to succeed

网购已成为全世界千百万人的日常行为。2012年，在线零售业的销售额已超过10亿美元，这还不包括预订车票，或者购买财会、法律咨询之类的商业服务。实际上，现在全球的经济都依赖于各种网购。

过去两年来，在线零售已经在美国确立了主导地位，其他国家和地区也逐渐受到了影响。欧洲零售业总额的10%为在线零售，英国以13%排在榜首。同时，亚太地区的网购量占到了全世界的1/3。2016年，这一地区的网上销售达到40%，而欧洲仅是它的一半。

尽管许多国家的在线零售总额都达到了数十亿美元，但是网购正处于一个十字路口，许多传统老牌企业发现，在线下长期使用的经验和方法在线上并不管用，在线上适用的也不一定能转化到线下。更糟糕的是，很少有关于网店高效运作的切实建议。本书旨在填补这一实践知识的空白，同时也涉及网购背后的心理学，适合对网络零售感兴趣的消费者、企业主、零售商以及营销人员翻阅。

我从事网络心理学研究15年，逐渐了解了人们的网络行为，也分析了人们在网上的消费行为。本书是我这些年来的经验总结，将为你解读网购用户的内心想法，揭示网站的潜意识层面，以及作为一个企业主、零售商或销售人员，该如何有意识地让客户产生参与感。本书也构建了五步"点击"系统——便捷、讨喜、信息、定制和知识，可确保你的网店能兼顾用户的实际需求和心理需求。

无论你运营的是小企业还是大公司的网站，无论你是纯粹从事线上业务还是线上线下混合兼顾，本书都将为你提供有效的网络知识，帮助你了解顾客并与他们建立联系，确保你能为顾客和你自己提供合适的在线零售体验。

本书首先探讨的是人们为什么购物（包括线上和线下）。事实上，整本书都在揭露线上和线下购物的异同点，并讨论我们可以从中学到什么。无论线上线下，用户都很少由于必需而购买商品。正如第1章所述，大多数人购物是出于心理原因，或仅仅是因为他们想要变得合群。购物，更重要的是获得"存在"的感觉，而不是"购买"这个行为本身。

但是，人们为什么在网上购物呢？第2章探讨了许多人特别喜欢网购而不喜欢线下购物的原因。很多关于网上购物的讨论都集中在表面上的便利，其实真正的动因要深刻得多。正如第2章所揭示的，人们更喜欢网上购物是因为能够买到真正想要的。

更重要的是，人们网购的实际情况，也远非那么简单。第 3 章讨论的就是这个问题，虽然有种种可能的途径能够将消费者吸引到网店里来，但是抓住他们眼球的时间往往不到几秒钟。受平板电脑等新设备带来的影响，用户的网购行为模式已经有所改变，就算只是和几年前相比，亦是如此。举例来说，人们现在可以在任何地方购物，比如在火车上、在排队等公交车时，或者泡酒吧时。这意味着与以往任何时候相比，现在的用户会更多地因为心血来潮而购物。

价格是网购人群关注的重点。互联网让人们能够轻松地实现货比三家，而这种比价方式在现实世界中很难做到。第 4 章探讨了网店定价的心理，并展示了为什么有时候看上去非常"显见"的针对网络商品和服务的定价方式却远不是最有效的。

导致网店商品卖得不如想象中多的一个原因是，网购用户会遗弃购物车中的商品。用户把网上购物车塞得满满的，可是等到支付的时候，突然改变主意不打算买了，并离开了这个网站。这个令人沮丧的现象背后的主要原因是用户未曾预料到的支付问题，这是第 5 章讨论的内容，同时这一章也提供了一些建议，如何从线下零售商处总结经验教训供网店学习，从而最大程度地增加网店销量。

网购用户不喜欢被控制，因此经常要退货。有最简单的退货机制的网店是做得最成功的网店。第 6 章探讨了区分网店优劣的真正标杆就是它所提供的客户服务的水平，而简单的退货机制只是其中的一个方面。

对网购用户来说，他们会买朋友喜欢的东西，而且如果买了别人会喜欢的东西，一定要让别人看到，这点至关重要。购物的社交方面常常被低估，但它是一个推动买卖成交的强大动力。第 7 章阐述了为什么提供用户参与和社交体验的网站很可能会取得最大的成功。不过，这也存在一个负面效应，那就是一旦你的客户服务做得稍有不妥，你的客户就会很快通过自己的社交网络对你进行评价。

还有一个关键问题，这个问题也在我与零售商讨论的过程当中反复出现，就是需要快速建立信任。敏感的网购用户会在网店中寻找可以让他们信任这个网店的标志，如果找不到，他们就会在几秒钟内离开。不同于实体店，在网络上，你没有足够的时间通过网上闲聊与客户建立关系。第 8 章就探讨了如何创建可以让用户信任的明显标志。评论、评分和交易记录都很重要，但是网购用户最看重的要素却为大多数零售商所忽略——第 8 章将介绍这个要素是什么。

当然，网购用户也需要建立起对整个互联网购物的信任。网购用户是欺诈、信用卡信息被盗以及其他一系列不法活动的受害者，因此人们对网购的信心大受打击。第 9 章探讨了不法商贩所用的侵蚀人们对整个电子商务世界信心的方法，以及如何让自己与这些"坏人"区别开来。

本书每章都会提供一些意见和建议，帮助你在网上业务中发挥零售心理的作用。大部分章节还包括一个"如何让顾客一键下单"专栏，帮你发挥网店最大效用。第 10 章借鉴这些专栏中提出的建议，具体阐述了打造完美网店的必要步骤。

零售的未来在哪里？一些分析师认为，因为数十亿人喜欢在网上购买自己所需的几乎一切物品，网上购物将成为一种常态。另一些人则认为，我们会厌倦网购的隐性成本，或者差劲的实现技术，而去实体店购物。然而，正如第11章所介绍的，如果网购能学习线下购物的经验，线下购物也能学习网购的经验，两者就都能在瞬息万变的零售环境中茁壮成长。不过，如果企业自身不能对这些变化敞开怀抱，并迅速做出相应的调整，那么无论是在线上还是在线下，它们都将无法生存。为了助你一臂之力，第12章总结了如何使用点击系统，成为真正成功的在线商店。

无论你是一家企业的老板，还是一家企业网络部门中的营销人员，抑或只是对网上消费心理及零售格局的变化态势感兴趣，都可以有选择性地阅读本书中的章节。可是，如果你是一家企业的老板或是一名营销人员，并且逐字逐句地看完这整本书，你将会获得非常大的好处。毕竟，你的客户关注的不只是你网店的某一个方面，而是整个体验都会影响到他们的感受，因此着重看本书的一两个章节只会产生有限的影响。即便如此，有时候这有限的影响也具备变革的能力。我曾建议一名企业主修改了他们网站上的一处地方，可是这一处的修改却彻底改变了他们网店的销售情况。如果他们仅仅因为听从了某个章节中的某个建议而获得了这么多的好处，那么试想一下，如果阅读了整本书，将会有多大的收获。

如果你的企业可以充分发挥线上、线下的零售经验和心理作用，并运用点击系统的原则，那就会展示出真正的网购的力量。

CLICK.OLOGY
点击系统

便捷

便捷并不只是把商品搬到"网上"出售,它还涉及众多其他因素,包括网站的后台流程。如果这些因素导致延误或其他问题,就会影响到给用户提供的便捷。用户会通过查看物流条款等因素,有意识地认识到网站表层的便捷。但用户的潜意识会进一步审视更深层次的便捷,包括网站的导航、运行速度和语言的复杂性。同时,提供给用户更多高度相关的商品进行选择也是很重要的。

讨喜

有多少用户喜欢你的网店?他们在你的网店里活动自如吗?他们在你的网店里搜索商品容易吗?你的网店可用且易用吗?你网店提供的产品种类足够多吗?用户会把你的网店介绍给他们的朋友吗?你网店的销售政策和条款是否人性化?这些问题都是一些会让人们喜欢上你的网店的因素。毕竟,如果人们不喜欢你的网店或者觉得你不喜欢他们,他们是不会在你这里消费的。

what works in online shopping and
how your business can use consumer psychology to succeed

信息

你展示了多少产品信息？用户可以下载数据表或包装示例吗？你有与所销售的产品相关的文章吗？用户会在网上寻找尽可能多的与他们打算购买的商品相关的信息，如果你的网店没有提供大量信息，就可能会错过一些用户。

定制

你的在线客户服务怎么样呢？用户可以在想与你联系的时候，以他们想要的方式与你建立起联系吗？你能根据用户的需求，提供灵活的货运安排吗？优秀的网店就能做到这一点，而且用户也期待网店能够做到这样。

知识

你的员工能很好地解答用户的问题吗？你的网店是否很好地展示了主要出售的商品？你的网店看上去是不是像所属领域的专家？展示出专业技能的网店才会吸引到用户，让用户产生信任。

CLICK.OLOGY

PART **1**

第一部分
一键下单的影响要素

01

人们为什么购物
▼

CLICK.OLOGY

what works in online shopping and how your business can use consumer psychology to succeed

我坐在这里写这些字的时候,一只小猩猩正盯着我。不过别紧张,那并不是一只真正的猩猩,只是个玩具。多年前,我上大学的时候学的是人类社会学,当时有一门课程叫灵长类动物学,主要研究猴子、猩猩之类的灵长类动物。那门课程有一个项目是去伦敦动物园参观一天,在那里,我见到了动物园里最受欢迎的"住客"——大猩猩盖伊。从那以后,我就喜欢上了大猩猩。因此,当我在超市见到这个15厘米高的小猩猩玩具时,就迫不及待地买了。事实上,我根本不缺这么个玩具,不过聊胜于无,无论如何,反正我是买了它。

相反,昨天晚上,我和我13岁的儿子在做晚餐的时候,突然意识到我们少了一味佐料。我们去购物的时候,没有买佐料——这可是一个"必需品"。

你也许会觉得,人们去购物就是因为需要某件物品,但从上述例子中,你就能看出事实并非总是如此。通常情况下,我们仅仅是出于

01
人们为什么购物

喜欢，就会买某样东西，而对于我们实际需要买的东西，却常常空手而归。本章，我将探讨人们各式各样的购物原因。不管是在线上还是线下购物，人们购物的原因大致有：出于需要、出于欲望、出于要求以及出于社交。

为满足自己的需要

显然，有些东西我们之所以会买，就是因为需要它。比如，为了生存，我们必须吃、喝。当然，世界上有些人是自给自足的，庄稼自己种，牲畜自己养，但是这在大部分发达国家是比较鲜见的。就算我们的食物是直接从农户手中购得，而不是在超市或者小商店中买的，我们仍然需要去购买食物。

然而大部分情况下，在买必需品的时候，我们总是会买些自己不需要的东西。我们总是轻易地被劝服，而购买不必要的东西，还有些自己以前想都没想过会买的东西。事实上，全球超市中几乎70%的销出物品都是顾客购买计划外的物品。[1] 菲利普·格雷夫斯（Philip Graves）在《购物心理学》（*Consumer.ology*）一书中，描述了一些妇女通常都会列个购物清单，但是真正到超市去的时候，却总是忘记把清单带上。[2] 这就表明购物清单本身并不是很受重视，而且即便是有计划的消费者，也有可能被分散注意力，买些自己不需要也用不上的东西。

另外，当下我们有各种各样的选择，但是我们真的需要那么多选择吗？以鞋子为例，你只需要穿某一种鞋子，却可能会买很多双不同功能的，比如一双上班时穿的，一双休闲时穿的，还有做园艺时穿的，以及跑步时穿的。但是，看看维基百科上列举的 136 个主要的鞋类品牌，而且每个品牌都有多种款式。以教练鞋来说，我在一个体育用品店数了数，仅仅是打折货架上就摆着近 200 种不同款式的鞋子，这还不算几百种全价出售的鞋款。许多产品可供选择的价格档位和款式非常多，这就导致我们在购买了所需品之外，还会购买所喜欢或想要的产品。

我们花费在购物上的时间，也能表明我们是如何划分消费行为的优先级的。通用电气金融服务公司的一项研究发现，英国妇女每年大约会花费 400 个小时购物，但是她们花费在自己或家人真正所需的"必需品"上的时间不足 100 小时。[3] 我们花在自己真正需要的东西上的时间微乎其微，也就说明我们对这些必需品不太重视，甚至有点儿事不关己的态度。

> **CLICK.OLOGY**
> 基本上我们购物就没买什么必需品。在人们所购的物品中，必需品所占的比例几乎微不足道。

为满足个人的欲望

加拿大蒙特利尔银行金融集团（BMO Financial Group）研究发现，60% 的加拿大人都会买自己不需要的东西，而 40% 的加拿大人买过一些东西之后从来没用过。[4] 为什么？因为他们买这些东西，就是想让自己开心。该项研究还发现,加拿大人平均每个月都会花310美元买自己想买但是不需要的东西,而这几乎占了他们所有购物支出的60%。

根据市场调研公司欧睿国际(Euromonitor)对消费支出的分析,加拿大位居全球前50国中的第27位,能很好地代表全球的普遍消费习惯。该项分析称,加拿大人把1/3的钱用于购物。在沙特阿拉伯,购物几乎占据了人们消费支出的半壁江山,但是在新加坡,这只占据1/5多一点儿。新加坡的高房价和昂贵的交通成本占据了更多的支出。[5] 但即使在新加坡,你也不能随便去逛乌节路(Orchard Road)的服装店或珠宝店,因为你会被诱惑。

在摩洛哥和马拉喀什的露天市场,情况差不多,成堆的地毯以及堆积成山的糖果摆在那里诱惑我们,即使我们并不是真的需要它们又怎样?全世界的商人都知道我们会因为喜欢而冲动购物,这样他们就能在这上面做文章。

这与情感相关。根据伊恩·齐默尔曼(Ian Zimmerman)博士的研究,如果你把手上的商品放回货架上不打算买了,就说明你有力地"驳斥了买这个商品会让你更高兴、更受尊重或者更为圆满的想法"。[6] 我们买东西是因为我们喜欢它们,但是这个喜欢的过程涉及的是更深层次的东西。我们会对渴求的东西有亲近感,是因为获得这件东西会让我们产生一种良好的自我感觉。这个过程其实有一部分涉及的就是拥有这件东西让我们产生的身份认同感。

人类一直在寻求自我认同。从孩童时代开始，到进入青年时期，建立自我认同的斗争和我们如影随形——我们是谁，我们和别人的差别是什么。然而，另一方面，我们又切实渴望为别人所接受，和他们打成一片。这就导致了一个矛盾：既渴望特立独行又渴望融入集体。而购物有助于缓解这种矛盾。之所以会购买某件喜欢的东西，一般就是因为我们将之与个人定位结合起来了。同时，我们所拥有的东西就是我们的一个个性"标签"，它象征着我们的个人定位以及我们想融入的群体。

> **CLICK.OLOGY**
> 人们买东西，就是为了展示个性，确立身份。

以 iPhone 为例。研究表明，那些在个性测试中表现得更为外向的人更有可能会买 iPhone。[7]因此，出售智能手机的公司采用了心理画像，以匹配出顾客最有可能会购买的手机类型。虽然 iPhone 取得了巨大的商业成功，但是你可能无法置信：大多数人并不想买它。事实上，根据一项研究显示，只有 1/3 的美国人想买 iPhone，[8]而另外 2/3 的美国人不想买，因为它与自己的个性不符。他们不仅不想买 iPhone，也不想被看成是"iPhone 党"的一员。然而，对于想成为其中一员的人来说，iPhone 作为他们个人身份象征的一部分，"必须"买一部。这就是一枚徽章，是证明"我也是技术通"的标志。当人们对某个群体有了归属感之后，自我感觉也会更良好。

这一切都意味着如果你将网店的焦点放在人们想要的而非需要的产

品上时，可能会有意想不到的收获。比如，亚马逊会通过推荐系统为顾客推荐他们可能会感兴趣的产品，因为这些产品和顾客购买过的产品相类似。

为满足别人的要求

很多时候，我们买东西不是为自己，而是为别人。有多少次你出去的时候，你的另一半说："当你到镇上的时候，能不能买点……？"不仅家人可以给我们提要求，邻居、朋友和同事也可以。

对商家来说，这种情况会让他们非常挫败。他们掌握了顾客的资料，所以很清楚将要面对的是一个什么样的顾客，有什么样的习惯和爱好。然而，这个顾客突然买了一个完全不符合他自身特征的东西。其实，这是因为这个顾客是在为别人买东西。在网上购物时，出现这种情况更糟糕，因为你没法问顾客为什么会买这个东西。

在我近期为中型企业的CEO们进行的一次培训中，我谈论了像亚马逊这样的零售商根据每个用户具体感兴趣的物品，来对网页内容进行自定义和个性化设置的能力。亚马逊的解决办法是通过cookies，即保存在用户电脑上的一些文本文件，来识别用户。通过用户的购物模式以及浏览的页面可以匹配出用户的身份，并向其推荐产品。然而，就像这些CEO们向我指出的一样，这种办法只有当用户在亚马逊上为自己买东西时才奏效。一旦用户在亚马逊上为别人买礼品或者为家人购物的话，亚马逊为用户推荐的商品的个性化设置色彩就会减弱。系统并不能识别用户是在为别人购买而非为自己购买，因此正常情况下，商家所采用的心理诱饵，比如设法激发用户对产品的渴望，就很可能完全白搭。

假设你的另一半让你去服饰店为他买一条围巾，作为他母亲的生日礼物。这时，你知道该去哪个店，买什么样式、什么颜色的吗？因为你是不围围巾的人，除了买你自己要买的东西，店家就没法诱惑你买更多的东西。此时，所有促销活动的矛头应该指向你为之买东西的那个人，而不是你自己。事实上，有相当一部分顾客购买的东西都是为别人买的，而这就是商家真正鞭长莫及的部分。

> **CLICK.OLOGY**
> 当人们在为别人购物时，很难被劝服买其他东西。

你在开个人网店的时候，要意识到有的用户就想速战速决，因为要么他们是在帮别人买东西，要么就是他的同事或家人指定他买某件东西。这样的用户不喜欢你为他推荐或者介绍额外的商品。他们就想进入店面，找到自己要买的商品，然后以最快的速度下单。英国百货零售商 Argos 就允许用户输入商品目录上的编码，直接进入指定商品的购买页面。

为满足社交的需求

人们购物的原因之四就是为了和他人在一起。英国零售企业家西奥·帕菲提斯(Theo Paphitis)在接受《曼彻斯特晚报》(*Manchester Evening News*)的一次访谈中,就提到过购物是一种消遣行为。事实上,他不是第一个这么说的人。早在1726年,丹尼尔·笛福(Daniel Defoe)就曾在《英国商人全集》(*The Complete English Tradesman*)一书中描述过购物:

> 我听说一些女士,也是些颇有脸面的人士,会坐着马车在卢德门街或者科文特花园闲逛一整个下午,从一家布店逛到另一家布店,看看上等的丝绸,和店主、伙计互相打趣,而心里根本就没有一丁点儿要买东西的想法。不,别说买了,她们甚至连钱都没带出来。[9]

零售商们立马抓住了购物的社交性这个商机,建立了百货商场供人们闲逛,和朋友一起喝茶,甚至是在餐厅里饱餐一顿。1734年,在英国中部的德比市(Derby),全球首家百货商场诞生,名为Bennets,现在仍然在旧址上营业。1838年,大卫·琼斯(David Jones)在澳大利亚悉尼成立,这是迄今为止仍在运营且未改名的最古老的百货公司。[10] 从1858年开始,梅西百货就成了纽约的"购物天堂"。19世纪90年代后期,在莫斯科红场,GUM成了购物者们争相前往的地方。显然,这些百货商场经受住了历史的考验,而它们的一个共同特点就是:将重心放在了百货商场的社交特征上。

哈利·塞尔福里奇(Harry Selfridge)在伦敦牛津街创办了同名百货商场,那里到处都是可以休闲的去处,包括一个书店、一间休息室和一个图书馆，还有许多餐厅。这个商场创办的目的就是想成为一个"去处"，而不仅仅是一个人们买东西的地方。后来，这种理念得到了很好的延续，商场开始举办各种活动。其中，1925年4月，约翰·罗杰·贝尔德（John Logie Baird）在这里进行了电视机的首次公开亮相。

此后，商场和购物中心继续成为人们的休闲好去处，它们会配备电影院、餐厅、儿童游乐区，还会在大厅里设置休闲区域。位于布卢明顿的美国商城（Mall of America）是世界上规模最大的购物中心之一，除了520间零售专卖店且每年会举行400次活动之外，那里还配备有全球最大的室内游乐园、一个水族馆、一家13层楼高的酒店、14家电影院、一个火车站、一个喜剧俱乐部和50家餐厅。它每年会吸引4 000万游客前往，游客量几乎是位于佛罗里达州的迪士尼魔法王国的两倍。

即便不考虑这种大型购物中心，去商业街看看，也会发现有许多咖啡馆、酒吧和餐馆坐落于商店之间。社交化已经成为购物的一个重要特征。

在网络世界里，你会看到这一特征被放大了。人们会在Twitter或Facebook之类的社交网站上发布状态，与好友畅谈刚购置的战利品。同样地，Instagram和Pinterest上到处都是人们分享战利品的照片。

曾经有一次，我和几位心理学家在英格兰北部的一间咖啡馆里坐了几个小时，悄悄地观察进来喝咖啡的顾客的购物习惯。如果顾客是一个人来的，他基本上买了东西之后，就不会打开购物袋去看自己买的东西。但是，如果顾客是和三五好友一块来儿的，那么在购物之后，他就会拿出购物袋里的东西和友人分享——这就类似于照一张照片分享到Facebook上。

一项针对超市购物者所做的研究表明，研究人员可以根据人们的购物习惯对人们进行明确的区分。即使在超市里，两种主要的购物行为也是为了寻求个人满足感和满足社交需求。[11] 所有这一切都表明，不管是在线上还是在线下购物，我们得到的一个好处就是，它有助于满足社交需求。

CLICK.OLOGY
如何让顾客一键下单

了解人们购物的内在原因非常重要。网店为用户提供的网购体验需要在基础的心理层面与用户有共通之处。

1. 将网店的重心放在用户的欲望和需求上,而非必需品上。
2. 确保网店的系统支持"快速购买",让有明确购买目标的用户可以不受干扰地快速买到自己所需的商品。如此一来,为别人代购商品的用户的需求也可以得到满足。
3. 开发网店的社交功能,让用户能够轻而易举地与好友分享自己所购置的商品。

what works in online shopping and
how your business can use consumer psychology to succeed

02

人们选择线上购买的原因
▼

CLICK.OLOGY

what works in online shopping and how your business can use consumer psychology to succeed

让顾客一键下单

  在电脑上购物的概念是英国发明家迈克尔·奥尔德里奇（Michael Aldrich）提出的，他曾供职于 Redifon Computers 公司，后来该公司更名为 Rediffusion。汤姆森假日公司（Thomson Holidays）是奥尔德里奇的首个客户，该度假公司在 1981 年实现了通过电脑进行度假预订。三年之后，也就是 1984 年 6 月，简·斯诺鲍（Jane Snowball）夫人使用与她的电话线以及一个电视屏幕相连的电子系统，从位于英格兰东北部的盖茨黑德（Gateshead）地区的乐购超市（Tesco）买了一些东西[1]。

  大约 25 年之后，奥尔德里奇的孙辈想知道他们的祖父是不是真的发明了网购。于是，奥尔德里奇在自己收集的文件和旧报纸中查找，并联系了以前的同事，最终确认了一个事实，那就是时任英国独立电视台编辑的劳伦斯·麦金蒂（Lawrence McGinty）采访过当时所知道的第一位"电话购物"用户。麦金蒂查阅存档，找到了他给简·斯诺鲍夫人做的那段采访。当时，简·斯诺鲍夫人虽然承认了电话购物的便利性，但也表示这让她失去了与朋友们在当地超市碰面的机会。不过,正是电子交易的便利性让盖茨黑德的老人们表现出了极大的兴趣,因为这就意味着他们可以不用长途跋涉地跑到商店去,就能够轻松地买到想要的商品。因此,麦金蒂明确定位了网购于消费者的一大益处,就是便利。

当时,乐购的这一项目正在英国试点,与此同时,美国 CompuServe 公司也向它的 130 000 名用户推出了"电子商城"(Electronic Mall)。该电子商城有 80 个供应商,主要为消费者提供可以通过电子邮件进行订购的商品。1984 年 11 月,《营销新闻》杂志(*Marketing News*)报道称这种服务"相当的不景气",主要是潜在用户缺乏所需的技术。[2] 这个系统展示出了希望,但是缺乏十足的便利性,因为它要求用户技术了得。

事实上,网购真正进入高速发展期是在又经过了十年之后。那个时候,技术发展缓慢,操作起来也麻烦,直到 1989 年,蒂姆·伯纳斯-李(Tim Berners-Lee)发明了万维网,并在 1991 年顺利运行了第一个网页之后,电子购物才真正变得更有用起来。又经过了三年之久,必胜客推出了网页版订购系统,为快餐爱好者提供一种更快吃到晚餐的方式,第一家为消费者提供网购服务的公司才真正出现。

1995 年 4 月 27 日,伦敦 WH Smith 连锁书店在网上售出了第一本书籍。同年,亚马逊向公众推出了电子书店,之后,互联网迅速崛起为一股中坚商业力量。不过,这一切发展的核心基本上都在于便利,目的是为人们提供全年无休的购物设施——任何时候,想买就能买。

威斯康星大学密尔沃基分校进行的一项研究显示,网购的便利和风

险并重[3]，甚至很多情况下，便利比风险更重要。人们愿意冒着更高的风险，例如信用卡信息被存储，去换取更多的便利。研究还明确了许多消费者非常看重的便利方面，包括下单更容易、支付更简单、容易得到产品的其余相关信息。

> **CLICK.OLOGY**
>
> 大脑的功能就是让人们以最少的精力来做事情。对便利的渴望已作为古老的生存机制深植在人类大脑中，帮助人们减少工作量。

对更大便利的需求是出于全球工作方式的改变。人们的生活因为组合型职业生涯而变得越发复杂，干着副业，自主创业，而且越来越多的女性开始投入职场。例如在欧元区，21世纪头十年有副业的人增长了25%。对于忙碌的人们来说，互联网是一个潜在的利好消息。

一键下单 TIP

将便利定位为网店的终极目标，销量会节节攀升。

消费者想节约时间

便利有一点对于网购用户来说尤其重要，那就是节约时间。全球首屈一指的调研机构皮尤调研中心所做的一项有关人们使用互联网的研究表明，68%的美国民众相信网购帮助他们节省了时间。[4]

02 人们选择线上购买的原因

不过，零售心理学的先驱帕科·昂德希尔（Paco Underhill）指出，在购物时人们的时间观念会以很多种方式出现扭曲。[5]昂德希尔观察了人们在现实生活中以及在实体零售店内的时间观念，发现当人们以某种方式进行交流时，会觉得时间过得比实际慢。因此，考虑到网店总是有很多互动功能，例如评论或者搜索，人们希望通过网购节约时间的目的有可能并没有实现。例如，人们有可能会花很多时间到处搜索各种各样的东西，并查看相关的评论。

根据一家专门监测网站活动的Alexa网站发布的报告称，人们每次登陆eBay，都会花费大概16分钟来查看平均17个页面。这还只是花费在一个国家的一家网店上的时间。此外，实际上大部分时候，我们逛网店没有买任何东西。我们在网购时，花费在搜索、寻找和比对上的时间总和，要多于我们在实体商店进行购物时所花费的时间。

再者，Marketing Charts调研机构的一项研究表明，50%的人将75%的网购时间都花费在了研究商品上，而最终去了实体店购买这些商品。换言之，人们进行了更多的研究工作，因此事实上延长了花费在购物上的时间。这项研究还发现，1/3的人会花费几天时间对打算在线下商店购买的商品进行线上研究。因此，很难说网购会帮助我们节约时间，毕竟在实体店，我们根本不会做这么多的研究和货比三家的工作。就因为在线上我们可以实现这种调查，我们就做了，但是这与在实体店购物相比，会浪费我们的时间。

那么，在事实通常并非如此的情况下，到底为什么人们会觉得网购

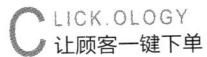

会节约时间呢？就像我们所看到的，其中一个原因就是互联网的互动本质导致我们的时间感知出现了扭曲。另一个原因则是我们的情感状态。当我们正在从事一项注意力高度集中的自主导向性活动时，例如在网上查看感兴趣的物品，就有可能丧失时间观念，因此会比我们想象的花费更多时间。

此外，从电脑屏幕投射出来的光线会影响人们大脑中的神经递质水平，从而影响人们对时间的关注度。大脑中的松果体会产生一种褪黑素，影响人们的睡眠。这种激素会受我们接收到的光照量的影响，而光照量会反过来影响我们的清醒程度。事实上，这对人的众多心理功能都有影响，包括时间流逝感。我们可能已经在一个网页上逗留 5 分钟了，却很可能认为只在此花费了一两分钟。

一键下单 TIP

在网店中提供互动功能，这样用户就会感觉他们在此花费的时间比实际的要少，因此就会强化他们心中的网购节约时间的观念。

作为零售商，一方面，你不会希望消费者在你的网店中停留的时间过短而无法看到其他在售商品，这样就无法帮助你通过追加销售或交叉销售的方式提高销量。另一方面，你又必须让消费者觉得网店的系统快捷好用，这样他们就不会感受到时间的快速流逝，因为节约时间的感觉对消费者来说有很大的吸引力。要做到这些，一个方法就是选择屏幕的背景色，背景色被证实是会影响感知的。[6] 例如，黄色会让人们加快在一个网页上的浏览速度，而蓝色则会让人们减慢浏览速度。选对屏幕颜色会让消费者觉得这次购物很迅速，而选错了颜色则会让消费者觉得他们花费了过多的时间。

消费者有时想要低价产品

网购用户还想省钱。因为网店基础架构的成本低，所以设立网店会比开设传统实体店所需的成本低，而这些省下来的部分就能够让利给消费者。比如，网上零售商无须花费资金打造精美绝伦、引人入胜的实体店，他们需要的仅仅是一个仓库。同时，他们既不需要雇请那么多员工，而且配送成本也会有所降低。

许多在线零售商在这上面做文章。例如，美国家居装饰零售商劳氏公司（Lowes）就保证线上"每天低价"。在澳大利亚和新西兰，在线百货商城 OO 保证消费者会买到最低价："我们以惊爆价为您提供各个品牌的优质产品，而且品牌和产品的种类在不断增加，旨在让您用廉价买到想要的产品。"同样，菲律宾最大的在线商城 HalloHalloMall 注重优惠活动和折扣，为消费者提供可能的最惠价格。在英国，电脑专卖店 PCWorld 在网上推出多种产品的优惠价格，相比在它的实体店购买更为实惠。

然而，低价并不一定总是网购用户所期待的。毕竟，如果你想买一艘豪华游艇，你真的想要"特价区"的那一款吗？尽管许多关于网购的

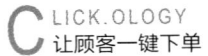

调查都表明，消费者想通过网购买到便宜货，但这只是一部分原因。许多人网购是为了逛奢侈品牌店，比如古驰（Gucci）和迈凯伦（McLaren）。因此，那并不能说明如果你想开一家网店，就必须主打低价：这取决于你销售的商品和目标受众。

有趣的是，有研究表明手头宽松并买得起奢侈品牌的人对较低档次的商品完全满意。根据总部设在芝加哥的饮料测试协会的测试，售价为每公升17.99美元的立陶宛伏特加酒Gera，排在受检的75个品牌的首位。排在最后的是由科罗拉多州的Shadow Beverage公司出品的优质烈酒Mystt，当时售价为每公升75美元。尽管人们可能会被高端品牌吸引，但有时廉价品完全够用。这是因为为了达到高价，高端品牌需要具备一点其他的东西——社会接受度。

消费者想要买其他人买过的东西

购物的一个重要心理因素是"社会认同"（social proof）：我们想通过和群体中其他人买一样的东西来证明我们是这个"圈子"或"这伙人"中的一部分。这有助于巩固我们作为这个群体成员的身份和被接受程度，即我们为这个群体所喜爱。所以，年轻的妈妈会选择和镇子里或附近的其他年轻妈妈一样的折叠式婴儿车；青少年会在朋友买衣服的那家店里买衣服，否则他们就会觉得自己不被圈子接受。亚马逊是最先发现这一点的在线网店，在它所卖的每一件商品的下面，你都能看到"购买这一商品的消费者也购买了"的推荐。

社交网络在这中间发挥了重要的作用,因为正如我们在前一章中所看到的,人们能够立即和朋友分享购物信息。这就是网络非常吸引消费者的一部分原因,它有助于确保消费者买到"正确"的商品,也就是他的圈子正在买的产品。

在网购出现之前,这个过程要麻烦很多且比较缓慢,所以圈子成员可能往往买不到正确的东西。现在,他们能够获得圈子里其他人的最新购物信息,从而确保他们能继续在这个圈子中获得认可。

这种维持社交圈子的方式也让竞争行为浮出水面。人们喜欢表现出自己是第一个买到某件商品的人,或者能够抢到最后一件。在线零售网站的社交插件是一种不错的方式,能让这种竞争心理显现出来,比如 Twitter 的插件能帮人们在买下某件商品时发出一条推文。同样地,Facebook 的插件能显示出你曾为某件商品"点赞",以向其他人展示你购买的东西,从而让你在朋友圈里显得与众不同。

一键下单 TIP

让消费者利用社交媒体插件展现他们的竞争力。

学术研究证实,竞争力是我们购买行为中的一个关键因素。[7] 消费者想要在其他消费者面前占据上风。他们希望自己能够宣称用低价买到了相同的东西,或者买的东西在下单后几小时内就收到了,或者买的商品非常受欢迎,"现在已经卖完了,我成功买到了最后一件"。线下聚会

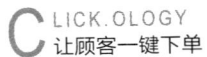

场所和线上聊天群，都是人们竞相攀比、吹嘘自己所购商品的好地方。

Kaboodle

Kaboodle创立于2007年，是最早的社交购物网站之一。用户在这个网站注册后，可以在账户中为从特定店铺中购买的商品或风格相近的商品建立商品列表。

这个网站的访客中，女性约占70%，大多数商品都是关于时尚、家居和生活方式的。每位用户创建的列表都取决于个人偏好。其他用户可以"关注"某个用户，这意味着只要被关注的用户在列表中添加内容，关注者就会立即收到信息，了解所关注的用户购买了什么。用户还可以通过评论系统进行互动。

根据排名网站Alexa的数据显示，2013年中期Kaboodle的活跃用户量只有2011年的1/4。这表明尽管它是一个受欢迎的网站，但是正在被其他更具自发性的购物分享方式所取代，比如Facebook和Twitter。

消费者想要快速比价

消费者的竞争力能在比较购物中找到归宿。各种比价网站能够帮助消费者买到物美价廉的商品，这些网站背后的思想就是，人们热衷于最低价格。确实，这就是比价网站提升业绩的诀窍，向消费者展示它们如何能够帮助省钱。然而，这只是人们喜欢使用这些网站的一个原因。

事实证明，比价网站大受欢迎，还因为它们能够帮助消费者买到比别人花的价钱更低的商品，比如通过展示消费者朋友的购物列表。如果你认为竞争性购物不存在，那你一定没听说过 eBay。

消费者想要有真正的选择

根据《吉尼斯世界纪录》显示，世界上最大的书店是纽约的巴诺书店（Barnes & Noble）。它拥有长约 20 公里的书架，足够装下近 249 600 本书。巴诺书店的问题是，每年仅在美国就有 32 800 本新书出版。如果它想把所有的书都摆到书架上，就需要将店面的规模扩大 520 倍。因此，大多数书都没被摆上书架，尽管它是世界上最大的实体书店。

所有实体店都面临这个问题。在时装店，没有足够的空间来展示所有款式、所有型号的裙子；鞋店也不可能摆出或存放所有的鞋子。不管你能想到什么样的实体店，它所能提供的产品都是有限的。我们得到的只是选择的幻觉。

然而，在网上，我们就可以选择品种齐全的商品。世界上最大的在线商城是阿里巴巴，它销售的商品多种多样，几乎能满足所有人的一切需要。它的销售总额超过了亚马逊和 eBay 之和。它所凭借的就是囊括所有种类的各式商品，通过综合搜索引擎就能轻松查找这些商品。

即使消费者不使用阿里巴巴，任意搜索引擎也很有可能帮助他们在数千个网页中找到想要的东西。换言之，互联网为消费者提供了真正的

选择。

所以,几个世纪以来,零售商只能集中力量提供主流商品,也就是那些销量最多的商品。走进任意一家大型超市,你都会找到排名前100的CD或DVD,而数以百万计的其他产品则买不到。众多其他产品都在争取货架上的空间。

音乐识别软件Shazam将人们听过的2 700多万首歌曲编入索引。索尼子公司Gracenote的数据库中收录了超过1.3亿首歌曲,足以整理成约1 300万张专辑。但Gracenote索引只处理人们会播放的音乐。一些音乐获得了极大的关注,比如排行榜的前100名,但是余下的1.3亿首呢?一年到头,它们也许只会被播放几次。

对于零售商来说,这是一个很现实的问题:一些产品有市场需求,但只是对于世界上少数一些人。如果你的实体店在美国的芝加哥,而你产品的潜在购买者却在澳大利亚的阿德莱德,你就会错过这些生意。产品的购买者越少,物流问题就越难解决。这个概念就是著名的"长尾效应",由《连线》杂志前主编克里斯·安德森(Chris Anderson)提出。

你看过产品销售的典型"长尾"条形图(图2-1),就会发现大多数销量集中在条形图的头部。显然,图中冷门的商品长条短。然而,当你将尾部的长条加在一起(图2-2),就会发现它们所代表的销量比排名高的产品更大。

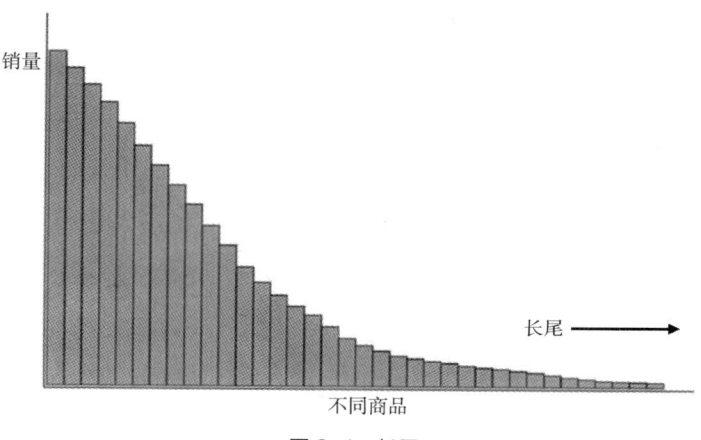

图 2-1 长尾

图 2-2 长尾累加

这说明了两点：

◎ 第一，如果零售商能在某种程度上解决物流问题和货架空间问题，就能从长尾的累加总量中赚到比热门产品更多的钱。

◎ 第二，长尾代表了真正的选择。消费者能够购买他们想要的，而不是被迫购买热门产品或者选择很少。

消费者喜欢一切都在掌控中的感觉：他们更愿意选择他们想要的，而不是零售商决定向他们销售的。实体零售店喜欢声称自己的库存品种齐全，但是从这些例子中我们明显可以看到，由于库存和物流方面的限制，这些零售商所提供的只是一种选择的幻觉。

互联网既能为消费者解决选择的问题，也能为零售商解决物流和库存的问题。这些处于长尾区段的消费者身在何处已经不重要了，因为他们能够通过网站找到自己真正想要购买的商品。同样，如果有零售商想要提供的商品品种广泛，那么库存不足就不成问题了，因为他们能够在网站上出售一切商品，并直接从生产厂家取货。结果将是消费者纷纷涌向互联网而不是实体店，因为他们能够掌控自己想买的东西，并获得真正的选择，而真正的选择是便利的一个关键因素。

消费者希望商品便于获取

长尾的概念不仅在于选择，也在于可获得，后者是网购的另一关键因素。无论人们想要什么，都能在某个网店找到。相比在实体店必须等待订单提交，网购一族能立即找到哪家网店有他们想要的商品。

鹿特丹伊拉斯姆斯大学的劳伦斯·斯路特（Laurens Sloot）创作博

士论文时，发现（线下）超市的产品无法让消费者方便获取，是让消费者烦恼的一个重要原因。[8] 而这一问题在网上可以得到很好的解决，因为如果消费者发现一家网店内没有想要的商品，就可以在一两秒内尝试其他网店：可获得性只需一次点击就能实现。

然而，大多数传统零售商并不重视网购的这一重要方面。而且，许多零售商只是忙于复制线下店铺，因此没有展现出可选择的深度和广度，导致访客认为这些线上网店只是线下店铺的翻版，而对此他们早已厌烦了。例如，实体店往往不将产品分类展示，而是展示相关联的商品。一家百货商店可能在卖场布置一间卧室，然后将家具、床单、窗帘和配饰都放在同一位置销售。在网上，用户主要搜索的是特定的商品，比如他们希望浏览所有床头灯，并相互比较。不过，也有一些两种方法都行得通的例子。

Marisota

Marisota 是 J.D. Williams 直销公司开办的一个线上时装店。这家网店主要面向尺码在 12 码以上的女性，不过也满足男性的需求。这家网店很受欢迎，在 Alexa 发布的英国网站排行榜上大约排在第 3 000 位。Marisota 之所以受欢迎的一个原因是，商业街上少有时装店提供均码以上的尺码。另外，向店家要求大码会很尴尬，会让人觉得你是个胖子。网购大码服饰更为方便，也不会引发尴尬。Marisota 让这些女性购物变得很容易。

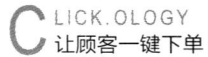

Marisota 网站将传统时装分类,比如外套、连衣裙、上装、内衣、帽子和手套。此外,它也学习线下营销的经验,提供各种主题,比如"新娘母亲礼服""度假服""工作装",将不同类别的众多产品列入一个主题页面,让消费者可以浏览配套服装,而不必在分类之间跳跃查找。

直接找到你想要的,当然是可获得性的一个重要方面。但是,这并不是源于互联网。

19 世纪早期,进店购物要排队等待服务员来为你服务。他会根据你的指示帮你拿来你所需要的所有商品。你要么在店里等着服务员把你购物清单上的东西都拿来,要么让他们随后将东西送到你家。的确,20 世纪 60 年代初我还小,我跟着我妈去我们村的联营店。她把购物清单交上去,然后换到一张账单,接着走到坐在店铺中间玻璃橱柜里的女人面前付账。然后我们就走出这家店回家了,没有那种到处逛逛的体验。第二天,一个年轻人骑着单车上门来。他的单车前面有一个巨大的柳条框,框里有个箱子,箱子里装着我们买的东西。他把我们买的东西拿进我们家的厨房。

1916 年,克拉伦斯·桑德斯(Clarence Saunders)在田纳西州孟菲斯市创立了自助式商店小猪扭扭(Piggly Wiggly),首次实现让消费者自行选择想要的商品,然后在收银台结账。[9]20 世纪 30 年代,超市最初流行于美国,50 年代传到英国。然而,自助购物的概念直到 20 世纪 90 年代才真正开始在全球传播。现在,发展中国家看到了自助商店的显著增长，因为它们对消费者有吸引力。但是为什么呢？毕竟，现在我们是自己来做这些事情，店主只是将货物摆上货架，然后坐在收银台收钱。我们得自己选择商品，然后将它们放到购物车或篮子里带着它们在店里逛，付了账之后，又要自己动手把商品装好拿回家。在超市出现之前，售货员会为我们做所有这些事情。

我们喜爱自助购物的真正原因是，我们能够在想要某样东西的时候得到它。真正吸引我们的地方是可获得：当我们想买某件东西时，除了必要时间，我们不想多等一分钟。但即使是这里面，也有细微区别。

1994年，瑞士一家研究机构开展了一项关于等待时间的经典研究，比较了人们在邮局排队等待时的反应和在一家受欢迎的超市排队等待的心情。结果显示，人们讨厌在邮局排队等待，不过愿意接受在超市排队。[10] 这项研究还着重探讨了等待时间对消费者心情的影响，它强调当人们从有限的商品选择中找到了自己想要的东西时，会急切地想要得到，无法等待。

有趣的是，在线商城几乎让我们回到了自助购物之前的时光：它们从我们这里拿到购物清单，然后再把所有的商品装在盒子里派送给我们。虽然不像在实体店那样可以立即拿到商品，但是我们能够用这一两个小时做其余的事情。

消费者希望商品按自己的要求派送

实际上，大多数网店的送货选项比实体店更符合消费者的需求。实体店的一个问题是，你只能提走它们库存中有的商品。如果这家商店需要先预订，你就必须下次再来取。或者，如果你订购了一个需要派送的大物件，比如冰箱，商家就会通知你送货员将在什么时候送上门，你没有太多选择的余地，也许它给出的时间是半天，甚至更长。

在线零售商就迥然不同。例如，亚马逊英国会提供第二天派送或后几天派送的选项，地址可以是你家或者其他指定地址。你也可以选择把选购的商品派送到亚马逊自提点，也就是设在加油站或地铁站的保险箱，然后在方便的时候去取，它们通常24小时不间断服务。你不必被迫在家等包裹，也无须亲自去快递公司取。你可以在方便的时间和地点取到东西。在线时装店Asos通过和快递公司Collect+合作来提供类似的便捷服务，Collect+在当地设立了数千个自提点，同时也处理大型在线零售商的退货业务。[11]eBay和沃尔玛都在一些地区提供当日派送服务。

这些发展确保了网购一族能控制取件的时间和地点，他们逐渐习惯了根据自己的情况定制的在线订单，而这是传统零售商难以做到的。

CLICK.OLOGY
如何让顾客一键下单

人们因为一些非常基本的动机而被网购所吸引。如果你的网店融合了这些因素，那么它就具备了成为优秀网店的基础。

1. 注重便利性。确保产品易于查找，派送尽可能快。
2. 确保你的网店快速运转，至少让人们产生这种感觉。
3. 只有当你知道人们真正想要低价时，才展示低价。价格并不一定是消费者考虑的问题。
4. 消费者会买朋友买的东西，所以要让社交活动在你的网店中发挥重要作用。
5. 在消费者达成一笔交易后，让他们炫耀一番，迎合他们的竞争天性。
6. 尽可能提供更多种选择。
7. 确保提供各种派送选择，让人们能够根据自己的情况决定取件的时间和地点。

what works in online shopping and
how your business can use consumer psychology to succeed

03

洞悉消费者的线上购买行为

▼

CLICK.OLOGY

what works in online shopping and
how your business can use
consumer psychology to succeed

1999年，我在《互联网上的假日和出行》(*Travel and Holidays on the Internet*)一书中描述了我第一次尝试网购的经历。

1994年4月12日，我忐忑不安地来到日内瓦湖对面的大都会酒店前台。我有点儿担心，因为我没有和任何人说过订房的事，而是用了CompuServe刚刚发布的美国酒店预订服务。虽然担心网络订房的尝试会徒劳无功，但是我渴望看到这个系统能够发挥作用。谢天谢地，它管用，我能够在舒适的203号房间住上几晚了。

这是我第一次冒险尝试在线旅游预订，此后我见证了这种工具的变革。也就是五年前，还只有CompuServe、美国在线和Dialog等提供在线服务。从那以后，这些网络逐渐融入了互联网，为我们提供了更多的旅游选择，超出了几年前的预想。

1994年，酒店预订服务还只是一个纯文本服务，看起来就像黑白版的电视图文。相比今天的预订系统，它极其缓慢，但依然引人注目。你可以请求 CompuServe 系统定位世界上任何地方的酒店空房。当然，这个系统并不能搜索所有酒店，而只能搜索使用这一服务的酒店。即使这样，你也能在几分钟之内输入你想要入住酒店的城市名和星级，你会得到一张可以入住的酒店列表。然后，你要选择你想要的酒店，并描述你的要求，之后屏幕上就会显示出价格。如果你觉得价格可以接受，就可以进行预订了。你唯一要确认的就是最后这个页面的打印件（如果你记得打印的话）。

这种体验真是激动人心，你不必再经过艰苦跋涉走到镇里，找几家旅行社，辛苦地看完酒店列表的册子，然后必须让旅行社给酒店打电话，费尽力气克服语言障碍之后，才发现你想要预订的那晚客满了！使用 CompuServe 系统要容易得多了，尽管在线交易需要花费约 20 分钟，但还是比找旅行社要快很多。[1]

从中你可以看出，我当时有些激动，并且印象深刻，但是现在再回头去看，似乎太落后了。如果今天的酒店预订网站需要 20 分钟，我们会和它说拜拜。然而，当时我尝试那些开拓性的服务时，只能从 CompuServe 登记的少量酒店选择房间。而且，如果我想获知房间的信息，例如是否配备套间浴室，就无法做到了。我必须打电话或者去图书馆查阅国际酒店指南，而这种指南却是一两年前出版的。

消费者是信息搜索者

当我们购买东西时，我们想要确认自己买对了东西。我们不喜欢搞得神神秘秘或者被糊弄，也讨厌买的东西不太符合我们的预期时要退货的麻烦。互联网出现之前，传统零售店里的售货员会花时间招待你，回答你的问题；现在，最好的在线商城有商品详情页面，它们发挥着相似的作用。

在一项关于消费者信息搜索的研究中，澳大利亚昆士兰大学调查了购车者在决定购买之前的表现。[2] 这项研究开展于1981年，当时万维网尚未发明，但是它得出的关于消费者行为的结论仍然有效。研究人员将购车者分成三类：一类是购车之前不做太多信息搜索的，一类是查找大量信息的，还有一类是选择性查找信息的。这项研究也肯定了之前的工作，表明这种分类实际上十分微妙。其中综合考虑了大量因素，包括个性类型、时间压力、搜索的感知成本以及以前的品牌体验，所有这些都相互影响，共同决定了消费者为所购买的产品搜索新信息的程度。

不管怎样，我们可以肯定地说，消费者是信息搜索者。一些消费者也许比其他人搜索的信息多或者少，但是人们都想要获得足够的信息，以帮助自己对购物做出一个明智的决定。互联网上的信息非常丰富，包括商品评价，显然这些评价更能满足人们对产品信息的渴望。

然而，这与卖家的要求相冲突。唐纳德·凯斯（Donald Case）在《寻找信息》（*Looking for Information*）一书中这样解释：

从营销人员的角度看，无论是出版物上的信息、广播电视上的信息，还是互联网和广告牌上的信息，最好都能引起一种完全本能的反应：消费者先看广告，然后看产品，接着购买产品。对于那些生产和销售产品的人，最好不要让消费者浪费时间查找信息，而是直接尽快购买产品。[3]

网上信息的深度和广度意味着，不管营销人员愿意与否，只要消费者想要了解清楚，就会有足够的信息。

全球最大的综合性品牌咨询公司 Interbrand 在年度报告中说："如今的消费者在调查阶段会花费大量的时间，会考虑越来越多的品牌，然后才做选择。"[4] 报告还补充道，"消费者决策过程中的这些变化意味着，营销人员使用的传统战略将不再管用。"换言之，如果你开办一家网店，就要使用新手段才能成功。在线零售商需要更侧重于将自己看成信息出版商，而不是商店。

> **一键下单 TIP**
>
> 在网站上展示产品和服务的信息时，不仅要包含简要细节，而且要用尽可能多的页面介绍背景、用途等相关信息，让消费者能够找到与他们的需求相契合的信息。

许多在线零售商都抓住了这个概念。例如，澳大利亚连锁超市领导企业沃尔沃斯（Woolworths）使用大量页面介绍信息和有用的内容，但实际上没有一个页面是直接销售产品的。比如，它的健康版块有一个

"孩子们的网站"栏目,介绍涂色活动、午餐盒设计者,以及教养类文章如《食物是怎么来的》。在新鲜食物灵感版块,你可以"认识我们的种植者",找到沃尔沃斯销售的食品是如何生产的。

同样,总部设在美国的全球食品生产商通用磨坊(General Mills)也有一个在线商城,上面介绍了它所有产品的背景信息和其他有用材料,比如食谱和营养数据。这家网站还拥有多个品牌,比如在英国拥有Cheerios,在巴西拥有Yoki。在你进入它的网店或者去它开在当地的超市之前,这家网站会为你提供你可能想买的产品的大量详细信息。

德国连锁药店DM的网站专门用来提供信息,它介绍的都是健康问题和产品详情。如果你想买东西,就必须移步亚马逊,这家公司在亚马逊上开设了旗舰店。

比利时时装店Honestby.com把信息提供发挥到了极致,它为消费者提供在售商品的所有最新详情。它既展示每种产品的碳排放量,也介绍供应商的细节信息,以及该产品每个部分的成本。这家公司宣称自己是第一家100%透明的企业。不仅如此,它的网站上也包含大量时尚界的新闻。

现在,查找信息的消费者实际上查找的是细节信息。他们想要完全了解考虑购买的产品或服务,想知道产品的历史、用法以及使用人群,也会阅读说明书与技术细节。他们也想要查看评价,了解其他人对该商品的看法。此外,他们想看到实际使用产品的视频,或者在音频网站中听到关于产品的讨论。总的来说，他们想获得尽可能多的信息，以确保自己没买错东西。

然而，并非所有消费者都会查找信息。一些消费者行动迅速，不想阅读这些额外的信息。他们更愿意看一张产品的图片，读一段简短的描述，再加上价格、运送和税务信息，以及一个"立即购买"键，就下单。

在线商城 Shop Clues 是印度排名前 100 的网站。这个网站拥有大量访客，自从 2011 年上线以来，被证明是一个巨大的成功。然而，它明显针对的是已经知道自己想要什么商品的人，而不是那些搜索信息的人。这个网站有一个搜索框，可以找到你想要的特定商品，以及拥有明确标签的各种商品类别。这种设计不适合浏览信息，只适合直接转到特定产品。

一键下单 TIP

> 确定目标受众是哪种消费者，是喜欢搜索信息还是快速购物，并相应地设计你的网站。

无效搜索降低购买欲

让我们想象一下：一位 40 岁的女性坐在长沙发上，膝盖上放着一台笔记本电脑，她打算为几周之后的一个重要场合买一条新连衣裙。我们不妨叫她莉兹。她知道自己想要的连衣裙的风格和颜色，但是不清楚

去哪儿找。她经常光顾的时装网店没有适合那种场合的连衣裙，所以她得在搜索引擎中找。

当然，莉兹得到的结果很大程度上取决于她输入的关键词。不过，我们假定她是一位经验丰富的互联网用户，不会简单地输入"连衣裙"这个词。如果她输入"特定场合穿的连衣裙"这样的词条，她首先会看到几个网店。谷歌认为当用户搜索这样的特定词条时，就处于购物或者"交易"模式。然而，这个假设是错误的。我开展的针对互联网用户的非正式研究发现，这一假设经常为人们带来烦恼。当人们在搜索信息时，并不想看到向他们推销商品的网页内容。

的确，宾夕法尼亚州立大学的研究显示，90%的搜索都是信息型搜索或导航型搜索（比如搜索一个特定网站），只有10%是交易型搜索。[5] 例如，如果用户在谷歌中输入"happylittlesoles"，谷歌的表现就会像一个电话本，带用户去他们想去的地方——Happy Little Soles 童鞋店。

通过聚焦交易型搜索，谷歌让莉兹更困扰了。点击第一个搜索结果后，进入了一个"立即购买"的页面，这让她十分恼火，因为即便她确实想买一条连衣裙，但是现在她只想获得与她的想法相一致的信息。所以，她返回谷歌，点击另外一条链接。

在搜索行为中，这是一个共同特征。53%的人会点击第一个搜索结果，[6] 但他们其中还会有很多人点击后续结果或者重新返回搜索引擎，因为呈现出来的页面并非他们想要的。在一项针对搜索行为的数学分析中，来自华盛顿大学和微软的研究人员发现，在给出第一个潜在答案的10秒钟内，人们有80%的概率还会查看其他搜索结果。[7]然后，他们会对搜索进行一些调整，在初次搜索的5分钟后，有80%的概率会使自己的搜索请求更详细，帮助自己找到想要的东西。

莉兹继续这样查找信息，在谷歌搜索结果和它展示的网页间来回跳转。这对于我们所有人来说并不陌生。当然，部分原因是我们没有想到准确的关键词，或没有使用"高级搜索"。高级搜索能缩小搜索结果的范围，例如区域限制，某商品发布了多久，或者是否使用了特定语言。

问题是，许多像莉兹这样的消费者似乎认为谷歌有超能力。结果，她为找到想要的信息花费了比设想更多的时间。搜索结果带来的这种失望，会让她对顺利找到最终购买的店铺感到灰心。美国的研究人员发现，对搜索引擎结果的失望会导致在某些情况下降低购买欲，比如当搜索提供的结果不符合期望时，"流量"就会中断。[8]这表明如果网店不能提供搜索者想要的信息并确保信息容易获取，就可能导致销量下降。

要提供信息，你首先要知道，对于你出售的商品，已经有人在搜索了。例如，你将你销售的某商品称为"ABC123"，但是消费者可能使用了意思较为模糊的词条，这样就无法快速找到你的商品。使用关键词搜索工具，比如谷歌的 Google AdWords，就是一种不错的方式，它能帮助你找出你需要加入网页的词条，快速吸引点击。

> **一键下单 TIP**
>
> 确保产品信息能轻易被搜索引擎找到,从而降低搜索者感到失望的概率,提升成功销售的可能性。

莉兹放弃使用谷歌,决定去她知道的一些值得信赖的品牌商城看看,希望它们的网站上有适合那个场合的连衣裙。大多数人熟悉的最大的在线品牌商城是亚马逊,它是排在谷歌之后第二受欢迎的搜索产品信息的工具。在线品牌商城拥有产品的大量信息,并能链接到其他网站,比如 YouTube,这类网站往往能服务好莉兹这样的人,因为它们很容易让人找到。这一点非常重要,正如 Interbrand 在 2012 年报告中提到的,"随着技术的快速普及,走在前面的是消费者,而不是这个行业"。

移动设备,消费的主要工具

使用移动设备,比如智能手机或平板电脑购物的人呈指数上升。根据 IDC Financial Insights 的研究,2011 年直接从移动设备上购买产品和服务的人数在短短一年内翻了一番。同样,根据美国电子商务零售商联合会 Shop.org 的统计,美国使用移动设备购物的人数从 2010 年年底到 2011 年年底增长了两倍。智能手机用户也随之增长,例如韩国人使用的手机 59% 为智能手机。英国 2015 年智能手机普及率约为 72%,而美国为 53%。技术咨询公司高德纳(Gartner)也表示,移动设备很快将成为比电脑更流行的连接互联网的工具。

查克·马丁在《决战第三屏》(*The Third Screen*)一书中说,移动购物将"永远改变企业和消费者的互动"。他还补充说,移动设备的增长意味着即使是实体店,也要采用一种完全不同的方式与移动用户沟通。9 消费者将能够在想要某样东西的时候买到那样东西,而不必先记住商品,回家后再购买,或者可能忘记一开始想要什么了,因为时机不再了。马丁解释说,部分原因是智能手机的强大计算能力让用户能够获得非常具体、基于位置的信息,帮助他们节省时间和金钱,因为他们将能够在当时当地找到能够买的东西。例如,智能手机可以发现附近的花店,从日历上知道手机机主妻子的生日,这样就能提前一两天向机主建议预订一些鲜花,并为他提供到达花店的驾车或步行路线。①

Meat Pack

Meat Pack 是中美洲国家危地马拉的一家连锁鞋店。在一次活动中,它非常有效地使用了移动设备和基于位置的系统从竞争对手(比如耐克)那儿"偷"来了客户。当手机上安装了 Meat Pack 应用程序的用户进入竞争对手的鞋店,应用程序就能知道该用户的位置,这是由于基于位置的定位系统使用了手机上的 GPS。然后,用户手机上会出现一条提示,指出相比用户当前购物的商店,Meat Pack 会提供更优惠的价格。一开始提供的折扣力度非常大,会在原价基础上下调 99%,但是每过一秒,这个优惠

---

① 想了解查克·马丁的更多思想,推荐由湛庐文化策划,浙江人民出版社出版的《决胜移动终端》。——编者注

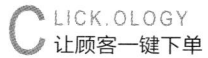

就会减少 1%，只给用户一分半钟的时间跑到附近的 Meat Pack 店抢便宜价格。仅仅一周，Meat Pack 就通过这种方式赢得了 600 位新客户。有一位幸运的客户用 1.1 折买到了好几双运动鞋，因为他成功在 10 秒内赶到了店里。

对于网店来说，移动能力不再是"锦上添花"，而是必不可少。2013 年，在爱沙尼亚举行的一次营销管理人员的研讨会上，一位与会人员表示，这对于美国、日本或者许多欧洲国家也许是对的，但是对于发展中国家呢，比如非洲或者部分亚洲国家？我当时说，迄今为止，世界上最大、最成功的移动支付系统是 M-pesa，创办于肯尼亚，现在已经在多个国家推广了，包括坦桑尼亚和印度。这个系统让人们可以使用手机支付，就好像钱包里装着现金。英国《卫报》指出到 2012 年年底，非洲已成为一个移动型大陆，基本上所有人都抛弃台式电脑，直接使用移动设备。因此正好相反，相比在发达国家，移动商务在发展中国家发挥着更重要的作用。

想想在手机出现之前非洲偏远地区的村庄里的生活。无论是购买商品和服务，还是取现金，都是非常麻烦困难的，因为去最近的银行也要花费一天的时间，甚至更多。在非洲，距离的意义重大，贸易、购物、物流和一般商务的难度都非常大，而且成本高。然而，有了手机，许多与距离相关的问题都消除了。此外，电力缺乏而无法给手机充电这样的常见问题也被创新性公司解决了，比如 Fenix International 创建了极具成本效益的移动手机充电系统，利用太阳能供电。非洲新闻网站 AllAfrica

报道称，2015 年非洲使用移动手机的用户比用电的用户多。换言之，认为移动购物只出现在技术发达的国家，就会忽略移动技术正在飞速为全世界创造购物机会的事实。

> **CLICK.OLOGY**
> 移动技术很快成为人们访问网店的主要方式。

人们不一定直接在智能手机上购买商品，而是通常使用移动设备查找价格信息或者哪里有存货。也有可能拍下商品的照片，以备之后查看细节或与朋友分享。消费者在实体店看过某件商品后，也会使用移动设备查看关于商品的评价。

> **一键下单 TIP**
> 在你的实体店提供免费 Wi-Fi，因为它能刺激人们在移动设备上上网，帮助人们了解更多信息，从而更有可能购买。

展厅效应，二维码触发快速响应

"展厅现象"（Showrooming）是移动技术的另一个方面，许多线下零售商还在缓慢适应中。展厅现象是这样一种现象：当人们参观实体店后，使用智能手机或平板电脑在网上购物，仅把实体店当作展厅。他们

之所以这么做,也许是因为网上能够提供折扣,或者能提供派送服务,不必自己拿回家。消费者的首选项是访问他们实际所处实体店的网店,不过加拿大的一项研究表明,事情并非总是如此。该项研究发现,如果人们可以在竞争对手的网店中获得更多的折扣,就会在竞争对手的网店中购买。[10] 它还显示,折扣的力度不必很大:相比实体店的价格低2.5%,人们就会选择在网上购买。

一些线下零售商意识到,人们把他们的实体店当作展厅,于是在店内展示的商品上添加了二维码。当人们用智能手机扫描这些二维码,就会转到一个特定的页面。二维码意味着"快速响应",仅在美国,每个月就有约1 400万人扫描二维码。

韩国连锁超市乐购在它的"虚拟"商店中广泛使用了二维码。[11] 这些"商店"出现在传统的海报区域,比如首尔的公交站台和地铁站台。电子显示屏可以复制实体店的视觉体验,看起来就像你正站在超市的一个过道里,面对着货架。在站台等待时,人们可以通过浏览想要购买的商品的二维码页面进行购物,这些商品随后会派送到他们家中。

虽然一些零售商在试验这样的系统,包括美国沃尔玛,但是二维码的使用还未得到普及。波士顿的一项研究发现,在美国受调查的700家实体店中,只有7%的店铺使用了二维码。[12] 这些二维码大部分针对的是年轻人,通常出现在高新技术的商店中,主流商店还没有利用这个机会。

2013年年初，我就二维码利用率不高的问题采访了我的一位实体店客户。我问道："你的120家店为什么不使用二维码呢？"

我的客户回答道："因为它只会刺激人们网购。"

"关键就在于此，"我说，"它能让消费者购买你的产品。"

然而，我的客户指出二维码给许多实体店带来了一个管理上的问题：如果人们只是在实体店参观并扫描二维码，然后离开，选择网上购买，那么实体店的员工就不能从中获利。即使销售人员不抽取佣金，但由于库存和物流问题，实体店还是需要出售所展出的商品。因此，二维码助长的展厅现象对于这样的零售商并不是好消息。

真正的问题也许在于，许多零售商采取保守的方式，因为它们发现创新很难。相对于二维码这个问题，不去改变员工结构、薪酬体系和销售过程更是障碍。我的客户不想引入二维码，因为它意味着公司雇用的这些员工将不再适用，它需要雇用更熟悉产品的人员。对于闲逛的消费者来说，店员就是一个信息源，一本活的百科全书，这种技能与销售截然不同。许多实体店还加入了工会组织，这意味着任何工作方法上的改变都需要工会达成一致意见，才能付诸实践。

然而，一些传统行业正在抢占二维码地盘，比如丧葬行业。在上海，在深爱的人的墓碑上粘贴上二维码，这样人们就可以进行网上扫墓。这在美国、日本和英国也同样可以。你并不需要对运营方式做大的改动，相反通过提供这样一种额外服务，还能获得更多收入。

Yebhi.com

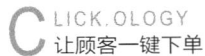

　　Yebhi.com 是印度一家占据领导地位的在线百货商城。这家公司创办于2009年，在服装、鞋类和家居用品方面很受欢迎。现在，它在德里和班加罗尔的咖啡店拥有30家"实体店"，但即使这样，实际上你也不能立即得到展示的商品。它的系统是这样运作的：咖啡店的墙上贴有火爆产品的海报。展示出的每个商品旁边都有一个二维码，意味着顾客可以在喝咖啡的同时购物。不仅如此，当顾客这样做时，系统还会向他们提供下一杯咖啡的折扣码。

　　这就说明，在流行智能手机的地方，二维码通过将网店与现实活动结合起来，可以进一步拓展业务。这利用了便利的心理。二维码不仅能让消费者在喝咖啡时方便购物，还将消费者直接带到了特定商品的订单页面。比起访问网站，它更为便捷，因为你在网站上还要搜索，或者从各个菜单选项中选择。

　　尽管实施的过程中有很多潜在的困难，但是二维码确实代表了实体零售商的一个机会。比如，想象一下你开了一家平价时装店。你在标签上添加了二维码，消费者可以使用手机进行扫描。扫描之后，手机上就会出现一个网页，通过这个网页，消费者可以获得该商品的更多信息，或者直接在网上购买。问题是你的店里有库存需要消化，如果消费者选择网购，这些库存就卖不掉。但是如果二维码抓取的是这些库存产品，而不是只显示一个占据整个移动设备屏幕的简单网页呢？事情就简单了，屏幕上只会显示一个数字和一句话："结账时出示本优惠券可打 8.5 折。"这样使用二维码，你就能抓住客户，而不是损失客户。

> **一键下单 TIP**
>
> 二维码的使用方式多种多样。想想如何创造性地使用二维码，让你能获得客户，售出产品。

如果你只有一家网店，而没有实体展示平台，那么在人们访问你的网站时，为他们提供二维码就是浪费时间和精力。所以，只经营在线业务的零售商需要创新，才能从二维码中获益。例如，包装上的二维码可以让客户直接查看他们刚购买的产品信息，或者把他们带到客户服务网页、社交媒体网页或商品评价网页。你还可以考虑在广告中使用这种策略，广告商在海报上添加二维码，能让人们进一步了解广告所宣传的特定产品或服务的信息。

> **CLICK.OLOGY**
>
> 二维码的优势是，你可以将人们准确引至为特定目的设计的特定网站。这意味着你能够更轻易地控制消费者选择的路径。

人们网购时，要么希望获得关于产品或服务的大量信息，要么想做特定的事情，比如购买某件商品或者获得优惠券。他们想要快速完成，因为互联网上还有许多其他内容。消费者注意力持续时间缩短的问题日

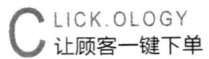

益突出,二维码正是零售商解决这一问题的一种方式。

注意力的持续时间不断缩短

现在,我们愿意在某件事情上投入注意力的时间比前几十年更短了。的确,根据 Statistic Brain 网站的研究,当前人类的注意力持续时间比金鱼还短。2006 年的一项研究发现,人们的注意力只会在网站上停留 4 秒。[13] 无论你察看哪份统计数据,显然事实就是这样:在我们生活的世界里,人们总在快速地滑动网页,从一个网站跳转到另一个,从大量网页上收集信息,而所有这些都是在相对短的时间内完成的。我们不能给予所有事情同等的关注度,因为时间根本就不够。

注意力持续时间缩短的这个结果意味着,人们现在在一个网站上花费的时间比以前更少。如果人们不能立即看到他们想要的商品,就会迅速离开这个网页,所以在线零售商需要提供高度聚集、使用便捷的导航。这也能向消费者说明他们受到了重视,因为网站关注到了他们的需要。eBay 和 Asos 是两个占据领导地位的零售网站,二者拥有一个共同的特征:搜索框。这意味着即便人们的注意力持续时间短暂,依然可以登录这两个网站,通过搜索快速找到他们想要的商品。

一键下单 TIP

为了让你的网店更成功,建立一个全面的搜索工具,让用户可以快速查找,这将会吸引那些注意力持续时间短的人。

在心理学上,"注意力持续时间"一词意义相当广泛;的确,注意力持续时间分为许多种:

◎ 视觉注意力持续时间(visual attention span):表示浏览网站时,人们的眼睛注意网站特定特征的时间长度。

◎ 有意注意力持续时间(conscious attention span):表示决策之前或者觉得无聊想要继续查看其他网页之前,我们注意某个事物的时间长度。

◎ 潜意识注意力持续时间(subconscious attention span):我们没有意识到的隐蔽决策过程,它促使我们停止注视、阅读乃至思考某物。

如果互联网零售商需要成功吸引和维持消费者的注意力,就需要深入理解这几种注意力持续时间。

变化视盲与周边视觉

眼球跟踪技术能帮助零售商了解人们在看网页上的哪些内容,以及看了多久。检查眼球如何移动的最常见手段是,用户浏览网页时,使用经过专门设计的电脑屏幕,这个屏幕会向用户发射红外线。红外线会反射到屏幕周围的摄像头,然后摄像头就可以跟踪眼球中心的反射光线。[14] 摄像头的分析结果显示,我们的眼睛不是以直线的方式移动的,而是以变化的方式,四处跳跃,甚至不会看着面前的网页。

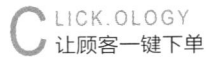

如果你没发现自己的眼睛是这样移动的，不妨在其他人阅读的时候观察一下他们的眼睛。它们并不是沿着直线浏览整篇文字，而是飘忽不定、忽上忽下。无论是看印刷文本还是电脑屏幕，你的眼睛都会在短时间内停留在一个点上，我们称之为"注视点"（fixation），然后突然急剧上下运动，我们称之为"扫视运动"（saccades）。根据罗伯特·克劳德（Robert Crowder）和理查德·瓦格纳（Richard Wagner）所著的《阅读的心理学》（The Psychology of Reading）一书，我们的眼球运动是"冲击式"的。[15] 意思是我们的眼球会突然快速运动，就像发射子弹：一旦发动，就会迅速朝着直线发射出去，中途无法改变方向，除非运动停止。此外，当我们的眼球处于扫视阶段时，会从注视的物体上跳开，传向大脑的视觉信号会受到抑制。如果你在这时看网页，就会在短时间内暂时失明。

20世纪90年代末期，伊利诺伊大学开展了一系列新实验，研究者约翰·格里姆斯（John Grimes）证明了当人们在扫视状态看到的图片发生变化时，会无法看到这些变化。[16] 当时，这些实验的受试者被要求看两个头戴不同帽子的男子的图片。在第一张图片中，左侧的男子头戴一顶浅色的帽子，右侧的男子则戴一顶深色的帽子。第二张大致相同，唯一的不同之处在于浅色的帽子换到了右侧男子的头上。受试者在电脑上看这两张图片。当他们处于扫视状态时，第一张图片被迅速替换为第二张。这一系列实验中还有其他的图像测试，比如某人穿着粉红色泳衣，后被改为绿色；一张图片上本来有30只麻雀，第二张图片上面则减去了10只。无论如何处理图像，只要受试者处于扫视状态，都无法察觉图像的变化，即使他们被提前告知将会看到这些变化。这就是大众心理学所谓的"变化盲视"（change blindness）[17]，对经常使用动画或动态影像来获取用户注意力的在线零售商有着重要的意义。如果当人们的眼球处于扫视状态时替换这些图像，他们就看不到，因为看不见。

眼球的扫视运动也会让我们的注视点发生移动，这意味着我们的视线可能不会正好落回到屏幕上原来的那个点。眼球追踪研究显示，和视线上下跳跃一样，人们浏览网页的方式也是不规则的。从本质上说，这意味着我们在看网页时只会飞快地掠过。潜意识决定了我们是否喜欢所看到的内容，还有变化盲视，以及由于生活繁忙，有意识地快速移动到其他内容，这一切作用在一起，让我们不能以一种我们想要的方式浏览网上的内容。

例如，网络可用性专家雅各布·尼尔森（Jakob Nielsen）的研究表明，人们浏览网页的时间69%都花费在注视左边。[18]另外，对于处在不明显位置、第一屏看不到的页面内容，只有20%的人会关注它们。[19]如果你在设计网页时，希望用户能关注右侧或不明显位置的内容，那你就是在严重损失潜在客户。

一键下单 TIP

> 如果用户是从左至右阅读网页，那么就将最重要的内容放在左上方；如果由右至左阅读，就把最重要的内容放在右上方。

可用性研究确实遗漏了一个重要因素——我们看网页时出现的潜意识处理。另有研究表明，尽管我们都没有清楚地意识到"边缘视觉"（peripheral vision）中的物体，但是我们确实对它们进行了处理。重要的是，神经学研究表明来自边缘视觉的信息可以直接到达我们的情感中心和大脑的决策区域。[20]

换句话说，用户基于这些没有意识到的却传达到大脑的信息，来决定是否喜欢你的网站。这意味着，如果你的页面边缘有一些用户通常不喜欢的内容，比如花哨的图片，他们也许没有清楚地注意到这些东西，但是这些东西会让他们形成对你的网站的印象。这可能会影响他们对你的网站、你的产品和你的服务的情绪反应。同样，如果你的网站上有缺陷，比如一张图片缺失，这也许不会对用户浏览网站造成影响，但是如果它出现在用户的边缘视觉里，就可能会令他们对你的网站产生反感。或者你也可以将相关人物的脸部特写放在用户边缘视觉区域的冰点位置，引发他们的积极反应。比如，典型的买家的脸部特写往往会产生一种温暖、积极的潜意识反应。

你可以在你的网站上做一些眼球追踪研究，这不仅能帮助你了解用户在看什么，以及哪些设计效果很好，而且会告诉你用户没有看什么，以及哪些区域处于他们的边缘视觉范围内。如果你负担不起眼球追踪研究的费用，次佳的选择就是跟踪鼠标移动和点击行为。你可以使用Crazy Egg 或 Clicktale 之类的工具来研究自己的网站，这些程序能够跟踪用户在网页上的足迹，不断监测屏幕上显示的内容、他们鼠标的移动以及点击。

另外也要记住,眼球在移动设备上的运动和在标准的电脑屏幕上不同,而且横向模式和纵向模式也有所区别。例如,如果有人在横向模式下使用智能手机,他们就不能很深入地了解信息,但如果选择纵向模式,就无法看到像图片这样宽的内容。如果你考虑到屏幕不够长、不够宽或信息丢失而缩小页面的话,用户就会对此感到沮丧,因为他们得左右滚动或移动页面才能看到内容。此外,用户希望能在平板设备上快速滑动页面,从一侧到另一侧,而不是向下滚动;而在台式电脑或智能手机上,页面是需要向下滚动的。年轻用户更熟悉触摸式设备,希望页面能响应触摸指令,而年龄较大的用户习惯了网络的早期操作,希望使用"点击"按钮。这意味着你不能向所有用户提供一种页面,而是需要针对用户可能使用的设备,进行不同的设计或开发不同的功能。

各式各样的网站设计,令消费者感到迷茫

设计实体店是比较简单的。人们由正门进入,可以看到前方和周围货架上的商品。货架之间有过道,人们可以四处闲逛,还有一个醒目的收银台。此外,大多数商店都和隔壁的商店很像,只有一般风格和出售的商品有所不同。

但是在网上,各个店铺的布局往往不一样,让消费者感到迷惑,从而降低了整体的潜在销量。一些网店也许呈现各种产品介绍页面,一些网店可能呈现特别的优惠,还有一些可能会让你选择商品门类。在线零

售商之间大不相同，而线下门店却都提供类似的购物体验。这种混乱是由于许多网店缺乏测试和分析造成的，也就是说，一个网站只对于创建者有意义且能够运营业务，但对倒霉的消费者几乎没有实际的影响，只会让他们失望或者想要换一个购物网站。这种网站的设计是由内而外的，而不是由外而内。

在过去十多年的时间里，互联网催生了几个新的产业，比如"可用性"和"用户体验设计"（user experience design，简称 UX）。这些功能包括大量的网站测试，以确保用户能够方便地使用网站，并且产生最大的影响。可用性研究人员往往开展眼球追踪研究，这在前面已经讨论过了，还有"对比测试"（split testing），设计人员能够借此比较不同的设计，找到在某方面效果更好的方案，例如，"点进"（click-through）率，让更多的人点击你希望他们点击的东西。不过，很多可用性都是常识。

消费者体验公司 Webcredible 的可用性专家菲利普·韦伯（Philip Webb）在一篇博客文章中将英国零售商 Next 的结算过程与亚马逊的进行了比较。[21] 他指出，当你来到 Next 的结算处，如果还没有登录，系统就会给你提供一张表单。如果已经有了账号，填写你的姓名和密码登录进去，你就能完成购买了。然而，正如韦伯所指出的，用户不一定会看周围的任何文字，他们只是想尽快完成购买。因此，即使没有账户，也会开始填写表单，结果弹出页面显示："对不起，您无法登录"，用户此时会感到非常不舒服。他们不会那么容易地看到页面左侧出现的邀请提示——"如果是新访客，就需要注册信息"。正如韦伯所说："新用户可能认为这些登录框是注册过程的开始,而且无论是否有账户,他们都希望可以继续下去,而不需要在一张新的表单上填写新的信息。"

相比之下,亚马逊就给用户呈现了一条非常明确的登录途径,无论你是新用户还是老用户。

你不需要任何花哨的测试,就能知道用户希望快速搞定结账过程,而这一过程中出现的阻碍只会让购买的可能性变小。

一键下单 TIP

> 假装对自己的网店一无所知,尝试这样浏览自己的网店。从陌生人的角度看待从你的网店上购物的过程。这样你就可以轻易发现明显的错误和问题。

开展可用性测试对于网店是必不可少的,因为它能揭露潜在消费者一些意想不到的行为。此外有研究表明,设计网店的感知智慧不一定有效。举例来说,在一项阅读纸质新闻和在线新闻的对比研究中,佛罗里达州波因特研究所(Poynter Institute)发现,人们在线阅读的文字更多。[22] 然而,许多网页设计师信奉的准则是人们在线阅读的文字更少了。事实根本不是这样,实际上,当人们处于信息搜索模式时,很希望阅读。此外,经常有人声称人们只是在"扫描"页面,很少阅读其中的问题。但是,波因特研究所持不同的看法,研究发现人们扫描网页阅读的文本内容与更有条理的读者从上往下阅读的内容一样多。如果你将你的网站设计交给运气或者感知智慧,你最终可能会做出错

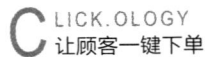

误的选择，而且反过来，可能导致销量下降。

波因特研究所的研究还揭示了网络用户可能令你大吃一惊的另一个有趣方面。众所周知，报纸头条和图片是吸引读者注意力和刺激读者阅读的重要元素。所以，如果你有一家报纸公司，在报纸行业有多年经验，就可能会认为网上也需要大幅图片和大大的标题。然而，波因特研究所的研究表明，网络用户的表现很不同，新闻网站使用其他方法引导用户阅读新闻页面，不是用标题和图片，而是用导航栏、菜单和下拉菜单。

不同类型的消费者有不同的行为

线下消费者的行为会表现出很大的差异，但是在线上管理他们的差异要简单很多。例如，我们看到很多网购者都在搜索信息，有些则没有。所谓"实用"，就是消费者不仅想要购买特定的产品，而且希望现在就买。这为在线零售商的用户体验制造了一个问题。如果你围绕信息搜索行为创建网站，就不能让追求实用的访客满意。同样，如果你以相反的方式创建网站，聚焦于注重实用的访客，那么搜索信息的访客就会不开心。

实体店能更轻易地招待好这两种类型的消费者。销售人员可以通过观察非言语行为，判断出消费者是试图找到特定产品还是简单地浏览，后者或许需要一些信息或指导。在网上没有时间来做这样的干预，网店只有几秒钟的时间来显示符合访客的行为风格。例如，那种喜欢对多个选项进行比较的消费者，就会希望网站能够轻易做到这一点；而那种不想花时间比较的消费者，就不希望在寻找想要的商品时被这些选项干扰。如果网店里的产品不能清楚地展现在访客面前，那么他们只需点击一下鼠标，就能找到满足他们需要的替代品。制造一个同时适应两种行为的网站并不容易。

在我为企业所做的顾问工作中，这个问题频频出现。如果消费者由于注意力持续时间短，要迅速做出决策，那么如何设计出一个能满足所有特定类型的消费者的所有单独要求的网站呢？

这一点你无法做到，唯一可行的办法是打造多个网站。以英国在线零售公司 WorldStores 为例，它 2012 年获得了英国在线零售协会"年度最佳多站点奖"。该网站专注于家居用品，拥有多个专门的或"利基"网站，如 barstoolworld.co.uk（吧台椅，见图 3-1）、woodenbedsworld.co.uk（木板床，见图 3-2）和 divanbedsworld.co.uk（沙发床）。每个网站都有明确而具体的重点，也就是说，如果你正在找吧台椅或沙发床，就能立刻意识到自己来到了正确的网站。即使对于注意力持续时间短的访客，网站的用途也能明显与他们的具体要求联系起来。

WorldStores 网站的老板乔·默里（Joe Murray）在接受 BBC 科技记者罗里·凯兰-琼斯（Rory Cellan-Jones）的采访时透露了这一战略的重要性。他说：

> 我们考察了数千种不同的关键词搜索，并花了两年时间分析数据，发现宽泛的搜索不能提供真正让人满意的结果。[23]

CLICK.OLOGY
让顾客一键下单

图 3-1　barstoolworld.co.uk 网页截图

图 3-2　divanbedsworld.co.uk 网页截图

人们寻找利基网站，尤其是那些主张实用的消费者，他们希望能找到明确的产品或类别并立即购买。即便如此，也并不意味着对于注重信息搜索行为的其他网购用户来说，利基网站没用。

barstoolworld.co.uk 显然是针对注重实用的网购用户的，他们想要买一张吧台椅，而且现在就买。这个网站能够吸引那些正打算购买的用户，而且透过它的名字，用户也能将其与 WorldStores 的其他家居网站区别开来。换句话说，你可以从两个方向中选择一个来建立单独的利基网站：要么是产品类别的利基网站，比如沙发床或吧台椅；要么是用户行为的利基网站，比如信息搜索或立即购买。

理想情况是，零售商会根据消费者行为类型和对产品的特定要求，创建富有吸引力的利基网站。然而，这是一项重大的管理工作，需要额外人员来负责多个网站。在和多个企业主的讨论中，多站点方法是他们觉得最有挑战性的，因为这往往需要调整企业内部结构和采用新的工作方式。

问题是，当这些企业主还在犹豫不决的时候，潜在客户已经生活在多站点的世界里了。如果你的企业不能为用户提供这种想要的网络体验，他们在一眨眼的工夫就去选择其他网站了。

货比三家，拒绝不必要的消费

想象一下互联网出现之前的日子，你正在镇上购物。你手里可能有

一张商品清单,这些商品恰好是你购物时依次路过的商店里所售卖的。有时你会不照着清单来,而去光顾其他商店,可能因为你想要的商品这家店缺货,而迫使你去找其他店家,但你不太可能会费心地一家一家地比价。如果有货,价格又合理,你可能在光顾第一家商店时就购买了。你会为了方便,而不考虑省钱。

人们都有一种强烈的愿望:花最少的精力完成一件事情。这是一项最重要的生存本能,帮助我们保存实力以备不时之需,比如逃避捕食者。当然,这在人类进化的时候是非常重要的,但是如今已不成问题。即便如此,这种本能仍然停留在我们的大脑中,因此我们很少有不必要的购物。这意味着,实体零售商可以侥幸赚到的便宜,网店不能。

例如,如果你的竞争对手的门店开在距镇中心一公里开外的地方,你的商品就可以比他的贵10元,因为人们宁愿付给你更多的钱,而不愿意多走20分钟的路程。相反,如果你的竞争对手就在隔壁,即使是1元的差价,消费者也会为省钱去隔壁。在针对瑞典的食品零售商的一项研究中,研究人员证实当各个商店紧挨着时价格才会变得敏感。[24] 一旦商店之间相距一公里以上,就没有真正的价格竞争了。

然而在网上,你不必走很远,或花费很多时间去看是否有更好的交易。获得更便宜的价格,只需几秒钟。用鼠标点击或用手指滑动一下,你就可以离开这家网店去到另一家。和现实世界不同,你不必在下雨时外出。这种安逸和便捷所带来的结果是,人们访问网店的次数比实体店多很多。即使是在2008年的美国,也有1/3的网购用户承认所做的研究和比较比过去更多了。²⁵ 凭借着平板电脑的优势，智能手机的功能增强，以及网上购物普及，在线零售商可以肯定的是，消费者访问替代商家是顺理成章的事。

消费者货比三家的行为也对实体直销店有一定的影响。我的一个客户是英国一个大型汽车经销商。就在 5 年前，平均每位消费者会访问 8 个汽车经销商；现在这个数字刚刚超过 1。人们过去常常访问多个经销商，以评估汽车报价，经销商会在城镇的郊区设点，以便消费者可以轻松地步行到多个经销商处。然而，现在消费者可以在线访问经销商和汽车制造商以找到真正想要的车，然后前往经销商处购买。这意味着，相比过去，汽车经销商面对面地向消费者推销的机会减少了 7 次。

根据益博睿（Experian）和益普索（Ipsos）这些分析公司的数据，很多国家的零售客流量都出现了下降。2012—2013 年，英国实体店的客流量下降了 4.5%，法国下降了 5.8%。²⁶ 另外一些国家的客流量有所增加，如葡萄牙，但这是在购物量急剧下降一段时间之后，而购物量急剧下降的原因则是 2008 年金融危机之后经济的衰退。

因此，实体店的在线活动是绝对必要的，因为它可以带动实体店的客流量增加。例如，网店可以建立消费者的电子邮件名单，然后向他们发送独家邀请函，邀请他们参加当地实体店的某种活动，或者为他们提供仅限在实体店使用的优惠券。打造更大的网店、添加更多的链接、增强网络可视性，就可以留住更多可能损失的用户。

做比较越简单,越能留住消费者

在线零售商防止用户在比较过程中流失的一种方法是,为他们做比较,特别是对搜索信息的用户。

那些主张实用的用户,只想快速分析出"我做的决定正确吗?"ResponseNow[27](见图3-3)这样的网站正好符合他们的要求。它能够让用户比较商品的特征和价格,防止用户流向竞争对手。这个网站会列出商品的特征、详细的价格、交运条款,以及附加服务或赠品。请注意,在购物的比较阶段,用户并没有比较商品的好处,因为已经很清楚为什么要买它了。在决策的这一阶段,用户只关心特征比较。

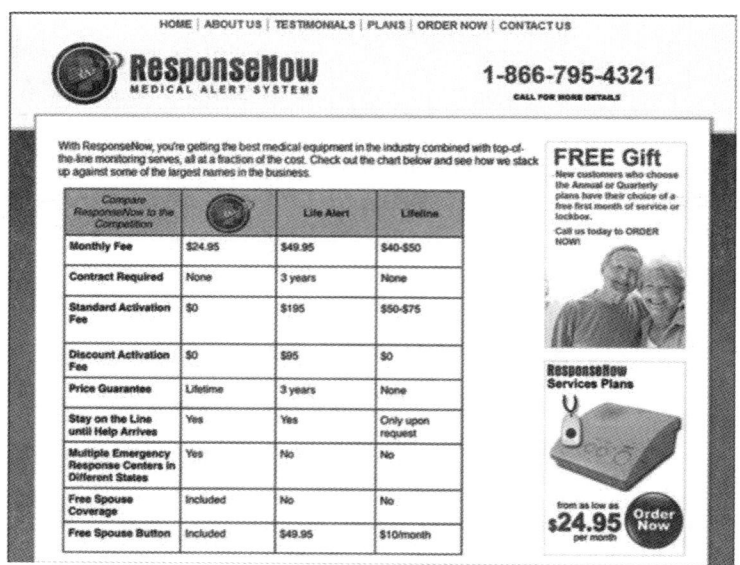

图3-3 ResponseNow网站截图

线上零售业的巨大商机

网购已经改变零售行为，但很多零售商似乎还没有意识到这一根本转变。今天的网络用户对信息如饥似渴，他们寻求在注意力短暂的持续时间内得到及时满足，他们经常忙个不停，盯着一个小屏幕，并且希望得到最便宜的价格。

事实上，这代表着在线零售商的一个重大机会，他们能够提供便于移动的网站，这些网站能够自动比价，可用，且易于使用。还有一个因素是，一些在线零售商已经掌握的网络用户行为的一个重要趋势——忠诚度。

过去，对于实体店来说，忠诚度通常脱胎于方便。其他商店在小镇的另一头，或者停车费昂贵，走路去不方便——这些就是零售商声称的"忠诚"，而实际上，这是消费者不想给自己添麻烦。然而在网上，即使你以前一直忠于某个公司或品牌，离开它的网店也十分容易。因此，确保你的网店经营良好的最佳途径之一是，激励消费者产生真正的忠诚。

亚马逊

亚马逊的成功得益于客户惊人的忠诚度。创始人杰夫·贝佐斯（Jeff Bezos）曾是纽约华尔街的计算机专家，没有任何零售经验，但他的公司击败了老牌传统零售商。根据一项调查在线零

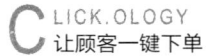

售商访客量的研究显示，亚马逊光在美国的访客量就达到了与它的实力最接近的传统零售竞争对手沃尔玛的2.5倍。[28]

亚马逊是如何战胜拥有更多零售经验的公司的呢？部分原因是"先发优势"。在互联网上，行业内最先出现的公司往往会做得很成功。但是，情况并非总是如此：搜索引擎Excite就先于谷歌问世，不过谷歌是第一个依靠数学（而不是人为编制索引）帮助定位网页的搜索引擎。尽管此前已经出现了一些由小网店组成的在线商城，但亚马逊是美国第一家大型独立在线商城，而且抓住了互联网带来的机会。然而，这并不是唯一因素：精确定位也很重要。那些专注于利基市场的网站也可以得到用户的忠诚度，即使它们不是第一家出售那种商品的网站。

此外，忠诚度与网站功能的实际效果（易操作性）密切相关。美国的一项研究显示，当用户可以很容易地浏览网站和快速查找信息时，忠诚度会随之提高。[29]该研究还发现，库存情况和交付的灵活性是获得用户忠诚度的关键特征。换句话说，注重易用性和物流的在线零售商才是用户喜欢的。

忠诚度方面的最后一个问题是线下品牌。在海报、报纸、杂志上，随处可见亚马逊，它的名字在现实世界中出现的频繁程度和在网上一样。同样，eBay在现实世界中也有一个身份，它不仅仅是一个网上商店。顶级在线零售商都会为它们的网站树立线下品牌，在公关上花费大量的时间和精力，而不是使用传统的营销方式。的确，众所周知谷歌直到2009年，也就是公司成立约12年之后才开始在电视上做广告。

如果消费者经常谈论某个零售商，那么这个零售商将是他们上网后第一个访问的地方之一。据《纽约时报》报道："2009年，有近25%的消费者开始在谷歌这样的搜索引擎上搜索购物，18％则开始使用亚马逊搜索购物。"[30]

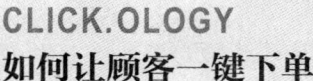

CLICK.OLOGY
如何让顾客一键下单

尽管在线零售商由 eBay 这样的大品牌主宰，但是仍有可能建立一个成功的网店，尤其当你的店铺面向狭小的利基市场，而你可以掌控这一市场时。如果你了解和利用人们网购的特点，你的网店就可能真正成功。

1. 如果用户喜欢搜索信息，确保你的网店包含有关产品的大量细节信息。如果用户注重实用性，确保你的网店运营良好，让他们只需通过几次点击就能获得想要的商品。
2. 确保你的网店拥有广泛适用、足以胜任、视觉效果明显的搜索工具。
3. 确保你的网店在移动设备上使用方便，能迅速积极响应用户的操作。
4. 使用二维码提升与用户的互动以及提供更多信息。
5. 使用眼球跟踪技术分析你的网站，确保处于用户边缘视觉区域的冰点位置有情感丰富的内容。
6. 提供与其他零售商的对比分析，防止用户为了获得这些信息而离开。
7. 为你的网店开发强大的线下品牌。

what works in online shopping and
how your business can use consumer psychology to succeed

CLICK.OLOGY

PART 2

第二部分
消费者线上购买的心理动机

04

价格决定一切
▼

CLICK.OLOGY

what works in online shopping and how your business can use consumer psychology to succeed

在苹果以 499 美元的价格推出革命性产品 iPad 后，很快人们就在推测这个产品的实际制作成本是多少，并对苹果公司的利润水平感到好奇。制造业分析师计算出 iPad 总成本约为 260 美元。另外，若要购买融入了移动 3G 功能的 iPad 需要多加 100 美元，而分析人员则声称这一额外的成本仅为 16 美元。消费者无论选择哪一款，其价格都大幅超出了实际成本，苹果从中赚取了丰厚的利润，而且不提供折扣，但是人们仍然愿意为购买这一产品排队数小时。由此看来，这些消费者似乎并不看重价格。

美国的"美元树"（Dollar Tree）和英国的"一镑店"（Poundland）所出售的商品价格都非常低———美元或一英镑。无论你想在这些实体店里买什么，从肥皂到儿童玩具，价格都一样，只要一美元或一英镑。这种商店通常生意繁忙，消费者在此能找到价格最便宜的日常用品。然而，它们却不能将价钱提高哪怕一分钱，因为消费者不愿意多花钱。

为什么当价格低廉时人们似乎更敏感,却乐意多花钱买其他商品,即便知道这些商品利润丰厚,可以降价?你本来以为消费者始终追求最低价,尽量省钱,但事实并非如此。而且,一镑店里的一些商品实际上比附近超市要便宜,也许只要0.3折;这是廉价商店获利的一种方式。当涉及价格,消费者的行为是不理智或者说是不符合逻辑的。

> **CLICK.OLOGY**
> 商品的价格对购买决定的影响相对较小。

启动效应,设置价格预期

如果价格不是决定因素,那又是什么在影响消费者呢?第一个就是心理学上的启动效应。

无论你来到纽约第五大道还是伦敦摄政街的苹果实体店,你的第一视觉和心理感受都是昂贵。不仅店面宽敞、明亮、美观,而且工作人员也多,整体有一种目标导向、服务视角和环境高档的感觉。苹果网站也给人以奢侈的视觉和心理感受,它的多媒体设计是许多其他网站努力模仿却无法实现的。例如,网站上有大量留白,只有重点区域才使用艳丽的颜色,其余都使用白色和灰色。此外,你无须离开这个网站就能观看视频和听音频,所有一切都完美呈现。

反观美元树和一镑店的网站,简单实用。它们使用标签突显低廉的

价格,并且让你能够迅速将想要的所有低价商品加入购物车。它们根本不强调奢华,因此你只希望获得低价。

尽管这两种零售商存在着各种差异,但是都能吸引购买者。当我们进入一家高档商店,就会准备支付更高的价格。苹果可以收取更高的价格,因为它的实体门店和网站给我们带来了奢华高档的感觉,提高了我们的预期,刺激我们接受高价。而当我们来到一家简朴的门店或网站,就会希望获得低价。

这种现象也可以从餐馆中观察出来。你可以在典型的连锁加盟店以低价买到一份汉堡和薯条,也可以用5倍的价格在附近的高档餐馆里买到几乎完全相同的食物。例如,麦当劳自诩提供食物迅速。它使用明亮的灯光和色彩以及塑料托盘等营造的环境,强调自己的门店不是可以供消费者细细品尝食物或进行特殊会面的场所。同时,在这条街上还会有其他餐厅,这些餐厅桌上铺着桌布,旁边有服务员为你服务,这样一种氛围暗示你可以在此待上很久,消磨时间,但是它们提供的也许依然是简单的汉堡和薯条。相似的食品,我们却支付高出不少的价格,因为我们心理上已经做好了准备,即使食物成分大致相同。

> **一键下单 TIP**
>
> 如果你希望消费者愿意在你的网店内支付高价,就要让他们在心理上做好准备:确保你的网店流露出奢华、高档的气质。

启动效应不仅指你创造的环境，而且包括你发送的所有其他关于价格的信号。你使用的价格标签、展示价格的方式、价格的文本颜色，乃至网页上价格标签的位置，都会影响消费者对定价的看法。

在苹果的在线商店中，消费者想购买一台 iPad，价格一开始是以一种微妙的灰色显示，只有等到消费者选定型号之后，才会变为"充满底气"的黑色。即使在这时，价格文本的字号也还是和页面正文字体相同，再搭配一个绿色的"购买键"，上面仅显示"继续"。网站并没有大肆宣称"现在购买"，或强调你差不多要花去 1 000 美元。然而，在 BuyCheapSoftware.com 上，价格的字体采用大号粗体，页面内容拥挤，留白太少，还有巨大的"购买"键。

用已有消费者，影响潜在消费者

启动效应还涉及让消费者知道还有谁购买了你的产品和服务。如果网站访客在看到产品价格之前认为这是一个高端网站，那么他们的心理预期价格就高。但是，如果网站显示访客多是低收入人群，消费者就会认为价格不会很高。

得克萨斯大学的研究人员做了一项有趣的研究，让受试者考虑会选择哪家宽带安装公司。[1] 研究人员向这些"潜在消费者"展示了之前其他消费者支付的价格为 440 美元，而"潜在消费者"可以以 280 美元的价格得到相同的服务，节省 160 美元。有趣的是，大多数受试者都不想省这笔钱。部分原因是他们认为这对现有消费者不公平，但另一个影响

因素还是和启动效应有关——如果被告知其他消费者都支付了高价，你会期望并且愿意支付高价。否则，你就和"他们"不一样了。

在线零售商可以展示自己的网站拥有符合访客期望的消费者群。社交媒体插件如 Facebook 面板，可以显示为网站"点赞"的人群，通过用户头像也可以确认消费者群，比如奢侈品网站上消费者的头像可能是他们在游艇上或站在豪车旁的照片。手表零售商 WF & C 的网站上有它在伦敦的高档门店的图片，它的 Facebook 页面上也有手工艺人爱护手表的照片，这些结合在一起就会让人联想到高价。而 Watchshop 网站则不会让你觉得那里经常有富人出没，而更适合那些寻求实惠的消费者。

> **一键下单 TIP**
>
> 使用社交媒体技术展示你的消费者群，这将有助于借助启动效应设置价格预期。

另外，还有一个首要启动因素需要考虑：消费者认为互联网本身就是一个低成本的环境。中国台湾的研究人员开展的一项研究表明，通常人们期望互联网上的价格会比实体店低 8%。[2] 一方面原因是人们认为线上的管理费用更低，因此商家可以将节省的成本让利给消费者。另一方面是人们已经习惯了网上更低的价格。这意味着，开展网上业务的企业会受到互联网自身启动效应的阻碍。

选择合适的价格数字

无论线上还是线下，商家自然都想以消费者愿意支付的最高价格尽可能地卖出更多产品。但是，多高才是最高呢？人们普遍认为，商家将某件商品定价为 9.99 美元会比定价为 10 美元销量更好，围绕着这个概念有许多神话和假设。也许，每笔销售都会减少一美分，但是更多的销量会弥补这一小笔损失。

然而，有没有真正的证据证明这样的定价实际有效呢？而且商家是不是应该使用不同的尾数取代 9 呢？毕竟，许多商家都认为价格尾数是 5 甚至 7 也有可能带来更多的销量。

奇数定价法（Odd-numbered pricing）已经使用了几十年，但近年来出现了一个新的"黄金"定价数字——7。它依然遵循了奇数规则，但是你在网上看到的商品售价大多是 197 美元，而不是 199 美元或 195 美元。人们对其中的原因有许多猜测，但事实好像是：一个网络营销"大师"测试了商品以不同价格销售的销量，发现售价为 197 美元能带来更多的盈利。他和其他互联网营销人员分享了他的发现，这些营销人员模仿他也将价格尾数改为 7。这导致互联网上大量网站把 7 当作价格尾数，其他企业因此认为这一定是在线销售最好的数字。

一个人针对一种市场情况开展一项测试并不能提供充分的证据。实际上，科学的研究给出了另外的结果：价格的尾数比第一位数的重要性小很多。在纽约大学开展的一项研究中，研究人员发现当价格向下舍入

时，消费者会认为它比实际上便宜很多，因为这种舍入对首位数产生了影响。³ 想想一件售价为 200 英镑的商品，如果你将它调整为 199.99 英镑，消费者在逻辑上知道这仅仅是比实际价格降低了一分钱，但是首位数已经减少了一半。这似乎让我们觉得价格远远低于实际。同样，如果你将某商品标价为 4.99 美元而不是 5 美元，它就会显得便宜很多，因为 4 美元比 5 美元便宜 20%。

也有一些证据表明，奇数倾向于给人向下舍入的感觉，而偶数则相反。如果某商品售价为 19.97 英镑，我们心里往往会把它向下舍入为更"正常"的数字，如 19.95 英镑，这意味着价格比较便宜。但是，如果售价为 19.98 英镑，我们就会觉得价格是在上涨，这意味着我们会把它看作 19.99 英镑，所以价格较贵。因为奇数往往给人向下舍入的感觉，让人觉得自己买到了好价钱。

> **CLICK.OLOGY**
> 奇数让人感觉比偶数更小，因为它们会被认为是下降的，而偶数则被认为是上升的。

数字的另一方面是停留在我们头脑中的读数声音。试着大声读出"999"（nine ninety nine），然后再读"997"（nine ninety seven）。很可能读"999"的时间比"997"略长，因为我们往往会把长元音拉长，而"seven"中的"ev"和"en"尽管包含两个音节，但都是相当短促的元音。如果价格听起来短，我们会认为这个价格低。如果价格听起来长，我们会认为价格高。这就是为什么相比 195 美元，197 美元更有利于激发消费者的购买欲望，因为后者实际上听起来感觉更少。

此外，有研究表明，构成数字的单词中的某些辅音与相对价格的感知有关系。例如含有字母 "s" 和 "x" 的单词听起来比含有 "v" 和 "n" 的更小。

这一切都表明，单词 "six" 应被视为比较小，因为它包含了两个听起来较小的辅音和一个短元音。因此，如果把 6 当作价格尾数，你会获得更多销量。不过 6 也是偶数，所以人们往往会感觉它会向上舍入 7。

选择合适的价格数字，一般基于以下特性：

- ◎ 第一个数字的值。
- ◎ 尾数是奇数还是偶数。
- ◎ 向上舍入偶数和向下舍入奇数。
- ◎ 数字中元音的长度。
- ◎ 数字包含的辅音。

无论是线上还是线下，选择合适的价格都是一项复杂的工作，需要进行市场测试。

价格显示方式对消费者的影响

价格显示方式也对销售有一定的影响。比如下面哪种显示方式更好呢？

让顾客一键下单

特价优惠

原价：£24.99　　现价：**£19.99**

原价：**£24.99**　　现价：£19.99

这两种价格显示实际上提供的折扣相同，但是，我们认为上排比下排更不容易让人达成交易。上排价格以较大的字号突出低价，而下排价格则突出的是原来的（更高的）价格。字号大小影响了我们对数字的看法。上排，低价采用大字号，会让我们感到困惑并对这笔交易产生怀疑；下排，字号大小和价格成正比例。有研究证实，当价格的字号大小合理时，销量会更多。换句话说，如果你提供折扣，优惠价格的字号应该比原价的小。许多商家错误地使用更大的字号突出优惠价格，但是消费者反而认为价格提高了，因为它显得更大。

> **一键下单 TIP**
>
> 价格的字号大小应与高低相对应——高价使用大字号，低价使用小字号。

价格显示的字体颜色也会对人们是否认为某商品物有所值产生影响。例如，亚马逊的价格字体采用红色。乍一看，似乎与直觉相冲突，因为在许多文化中，红色是一个停止的信号，所以你可能会认为它是在让人们放弃购买。但实际上，红色是亚马逊取得成功的一个因素。在自然界中，红色表示需要迅速行动，例如一些动物把红色当作求偶信号。所以，相比采用其他颜色的字体，比如绿色（逻辑上与行动的联系更为紧密，绿色交通信号灯就表示通行），红色更容易让人们点击"加入购物车"按钮。

然而，牛津大学赛德商学院开展的一项研究表明，红色并不总是最适合的价格显示颜色。该研究显示，价格采用红色字体对男性的影响远远大于对女性的影响。的确，对于女性的购买行为来说，价格的字体颜色不太重要。所以，如果你的大多数消费者是女性，红色字体的价格可能对销量没有影响。

相反，对男性的影响可以与基本的心理状态联系起来，男性会关注这种颜色，把它当作一种寻找伴侣的手段。红色是一种很强的性信号，比如女性会用红色口红引诱男性，当雌狒狒准备交配时，它们的臀部也会变得更红。所以，如果你有男性消费者，价格字体采用红色也许能刺激他们迅速购买。

价格信息的实际位置对于销售也很重要。当我们专注于事物的左侧时，会倾向于认为它比我们关注右侧时更小。[4]这意味着，如果商家把价格放在网页的右侧，会让人们感觉价格比实际高。这一点对于实体店也很重要：价格标签应该贴在产品的左侧，让人们感觉价格较低，从而刺激销售。

打折和降价并不是消费者的需求

谈判专家德里克·雅顿（Derek Arden）一直都在寻求"折扣"。的确,他曾在电视上展示在萨里郡吉尔福德的商业街上讨价还价是多么容易。德里克被称为"谈判先生",当我们其余人认为不可能的时候,他却能够买到便宜货。

我曾和德里克以及其他四位企业领导者在伦敦一家豪华酒店共进晚餐。那一次,德里克做东,他提前安排先上葡萄酒。我们落座后,在服务员倒酒的时候,翻看菜单。德里克则和服务员搭话,他留意了服务员的胸牌,并以服务员的名字相称。然后,他倾身靠近服务员,对他微笑,感谢他非常细心地招待客人。服务员拿走菜单后,过了一会儿,德里克又叫他回来,轻声说我们还要葡萄酒。不过这一次,德里克直接叫那位服务员的名字,并表示自己的预算不够再叫两瓶酒了,只够一瓶,但是这样又似乎显得他对客人有些吝啬。德里克还对服务员说他的老板限制了他的预算,所以能不能请服务员帮帮他。经过一段友好的交谈之后,服务员回答说:"当然可以,先生。我会看看我能做些什么。"接着,德里克拿着两瓶酒回来了,但只付了一瓶酒的钱。然而,德里克并没有明确提出这一要求,也没有要求打折,而只是友善地和服务员聊天,问他是否可以帮助自己解决预算的问题。

德里克能免费获得那瓶葡萄酒的一个关键因素是,他和服务员建立了融洽关系。一旦你和向你出售商品的人做了朋友,他们很容易会对你产生某种情感依恋。反过来,这意味着当你承担不起商品价格,向他倾诉你的处境,他就会尽力帮助你,因为他同情你。这些都是谈判中的关键战术:建立融洽的关系,让其力量向外部扩散。

不过在线上，这种相互作用是不可能的。消费者如何和网上商店建立融洽的关系，从而获得更好的交易呢？在线零售商如何提供折扣，而不会让消费者对他们产生一种预期，或者不会因为始终打折而让店铺看上去低廉呢？

商务策划师珍妮特·斯韦茨（Janet Switzer）在《快钱》（*Instant Income*）一书中讨论了这一点：

> 我个人不喜欢给任何东西打折，因为我觉得它是在向你的潜在消费者发出错误的信息。毕竟，如果你不认为你的产品或服务物有所值，你猜怎么着？其他很多人也都不会这么认为。[5]

美国一流销售专家杰弗里·吉特默（Jeftrey Gitomer）支持了这一观点，他说："74%的降价是由销售人员自己发起的——而不是消费者的要求。"[6] 换句话说，打折往往是商家认为他们的价格太高了，或者认为不打折消费者就不会购买。打折和降价往往是由零售商不理性的担忧催生的，而不是由消费者的需求造成的。

你看到的几乎所有网上零售商都在打折。强大的 eBay 会自豪地展示优惠价格，所以你能够看到自己捡了便宜。eBay 上甚至有一个"你节省了"的通知，显示实际金额和节省的额度，以强调这个事实。

澳大利亚的 OO 商城也有类似的做法，不过折扣更为明显，不仅显示节省的额度，还添加了一个"合并订单并节省"选项。

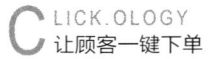

所以,如果这对 eBay 和 OO 有利,尽管销售专家对打折持保留意见,你的网店是不是也应该照着做呢?

宾夕法尼亚州立大学开展的研究让这场辩论出现了一次有趣的转折。研究发现,没有证据证明人们对网上的价格敏感。[7]但是,它确实揭示了互联网刺激了更多的价格搜索,所以人们确实在寻找低价,不过价格实际上只是影响消费者购买决定的一个因素。因此,折扣并不像在线零售商认为的那么重要。

在线上同样流行优惠券。Valassis 公司是英国超市业最大的优惠券提供商。这家公司调查了 2010 年和 2012 年间优惠券的使用情况,发现每年都出现了显著的增长,从 2011 年到 2012 年增长了 40%。[8]此外,Valassis 在 2012 年进行的一项研究确定,74%的消费者每周都会搜索在线优惠券提供商。

然而,孟菲斯州立大学的一项研究调查了消费者获取折扣的动机,发现获得低价意义不大,主要动机是为了击败商家。"通过使用优惠券而获得优惠的骄傲和满足,是使用优惠券的最重要因素。"[9]研究人员说,也许商家更应该重视消费者使用优惠券所获得的那种满足感,而不是价格优惠。

提供优惠券的网站远远超过了 1 000 家,比如 RetailMeNot、Coupons.com 和 MyVoucherCodes,它们每天吸引着数以百万计的访客。RetailMeNot 的老板在接受 *Business Insider* 的采访中透露,网站创办仅两年后,也就是 2011 年，就有了 8 000 万美元的收入。[10] 大多数营业收入来自广告，其余约 10% 为提供优惠券的公司支付的佣金。显然，无论是消费者还是零售商，都对优惠券感兴趣。

零售商似乎相信打折会带来更多商机和更多网站流量。然而，范德堡大学进行的一项研究表明，网站使用优惠券很可能降低盈利能力。[11] 优惠券的存在远不能引发人们的购买欲望，相反似乎会降低人们购买的概率。

> **一键下单 TIP**
>
> 为了提高网店的盈利能力，要避免太过明显的折扣。它们会产生与许多零售商所希望的相反效果。

我的朋友德里克没有得到折扣，因为五星级酒店不提供这些。但是，他得到了好处，这让他觉得他已有所得，同时确保酒店可以继续执行无折扣政策，从而保持奢华高贵的地位。好处和折扣是两回事，而好处似乎对买卖双方关系都更有利。你需要有创意：不是提供折扣，而是向人们暗示用同样的钱可以获得更多，比如购物金额超过一定量就可以免运费，或者购买商品可以获得赠品。

"产品稀缺" 比 "特价优惠" 更有吸引力

特价优惠不应该和折扣混淆起来。尽管特价优惠可能涉及降价，但是大多数特价优惠和另一特征联系在一起，如有限的可用性或短暂的时间窗口。它们通常迎合了稀缺的心理概念：物以稀为贵。

亚利桑那州立大学的心理学家罗伯特·西奥迪尼毕生都在致力于影响力研究，他发现稀缺性是说服消费者购买商品的一个重要方面。在《影响力》一书中，他讲述了一对夫妇逛一个家电卖场的故事。[12] 这对夫妇显然中意某件产品。营业员观察这对夫妻一段时间后，走过去说，才在20分钟前，他把店里的最后一件存货卖给了另一对夫妇。看着那件家电产品的那对夫妇显然有些失望，但是这使得他们更有可能购买唯一剩下的那件产品，也就是作为展示的那件。

我们都有过这样的经历：对某件商品感兴趣，但是犹豫不决，直到看到"最后所剩不多""仅剩三件"或其他类似说词。一旦看到这个，我们就会急切地想要购买，因为表面上看来该商品稀缺。进化心理学家称之为一项基本的生存本能。几十万年前，食物是我们生存的重点，我们需要采集或狩猎以维持生存。如果食物匮乏，对于我们的生存就会显得更加重要，因而它的相对价值就会上升。我们的大脑习惯了物以稀为贵的思维，即使今天大多数人都能享受到充足的食物供应，但是这种思维依然存在。

在网上，有几种方法可以突出稀缺性。比如，一些网店会显示特定产品的库存情况。电子商务程序Magento就有一些扩展，可以以各种创造性的方式来实现这一功能。其中一项扩展来自aheadWorks公司，它通过一个长条清楚地显示库存下降的水平，刺激消费者的购买欲望（见图4-1）。

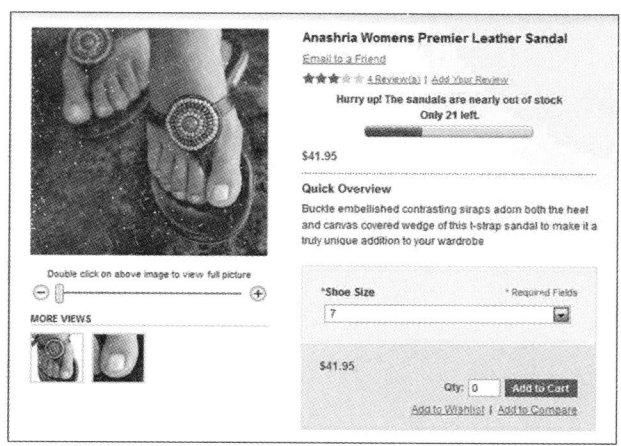

图 4-1　aheadworks 的网站截图

在这样的情况下，价格对于消费者的意义小了很多：商品的稀缺性似乎使其比实际价格所暗示的更为珍贵。这样一来，价格似乎更低，因为消费者更看重商品的价值——这对于他们来说是真正的"特价优惠"。

稀缺性也可以用价格或仅在有限时间内提供来暗示。实体零售商也采用类似的做法，比如英国百货公司 Debenhams 宣传的"蓝十字售"（Blue Cross Sale）。商品上会标一个蓝色十字记号，但仅限一天，在这一天它们的折扣更低。这样的活动吸引消费者走进店来，但触发他们兴趣的是有限的时间，而不是低价。

一键下单 TIP

如果你能够突出稀缺性，即便是以更高的价格，你也可以获得更多的销量，从而增加利润。

Groupon

Groupon 已经将限时优惠的概念变成了数百万英镑的生意。这个网站成立于 2008 年,最初是面向芝加哥的团购网站,为当地人提供适用于当地商店的特价优惠。随后,Groupon 系统扩展到波士顿、纽约和多伦多,2010 年开始面向全世界。尽管 Groupon 让早期投资者感到失望,但是它拥有在线团购市场超过一半的份额,与它实力最接近的竞争对手 LivingSocial 大约只能达到它月收入的一半。Groupon 遵循稀缺原则,虽然价格往往很实惠,但是人们购买的欲望是受粗体的"倒计时"指示牌影响。这个指示牌让访客知道参加活动只剩多么短暂的时间了(见图 4-2)。

图 4-2 Groupon 的网站截图

这种特价优惠非常有吸引力。即便是个人也能运用稀缺原则，使用澳大利亚公司 Noble Samurai 推出的"稀缺武士"（Scarcity Samurai）软件，在自己的博客上出售物品。这使得任何人只要拥有 WordPress 内容管理系统，就可以将各种稀缺技术注入到自己的网页中。这些技术包括仅限一次功能，以及在优惠结束时的一个倒计时器。像这样的特价优惠是增加在线销量的一种很有价值的方式，比单纯的价格折扣所产生的心理作用好很多。

这一切都对个人商店有重大意义，在自己的网站上提供自己的优惠。但是，团购网站上名目繁多的优惠活动对整个在线零售商产业都会造成影响，因为这意味着消费者很可能会等到优惠出现后才出手。因此，团购网站实际上可能会抑制销售，让人们犹豫不决。大卫·罗斯（David Rose）在纽约经营了一家投资基金，他对"青年企业家"（Young Entrepreneur）网站说，团购可能对消费者有利，但不一定对商家有利：

> 我不能确定它对商家真正有益，因为捕捉折扣的人通常不是你想要得到的那种长久客户，而是典型的一次性客户。[13]

哈佛商学院也对团购网站表示了一些怀疑，尽管提供限时特惠能带来一些好处，但是你无法阻止消费者参加多次优惠活动。消费者等待优惠活动并在相应的日期使用优惠券，就会导致利润受损。如果你确实想利用团购，无论是通过 Groupon，还是别的团购网站，或者在你自己的网站上，那么最好强调稀缺性，而不是低价。这样，你可以维持盈利能力。实际上，当人们更加看重你的商品时，你的盈利能力还可能会上升，因为它们稀缺，然后简单的供需经济学就会开始发挥作用。

通过电子邮件而不是网站提供的特价优惠特别有价值。分析师尼尔森在2011年开展的一项研究显示，特价优惠是人们想要追随社交网络上品牌的主要原因。[14]《营销杂志》(*Marketing Magazine*)在2012年刊登的一项研究也支持这一观点，该研究表明特价优惠是人们接收企业发来的营销邮件的主要原因。[15] 然而，印度的一项研究发现，谈到特价优惠，各个年龄段的消费者的态度似乎存在差异。来自新加坡阿米提全球商学院的研究人员发现，大多是年龄超过30岁的人会接收特价优惠的营销邮件。[16] 这表明，如果你的网站确实提供特价优惠，或者通过电子邮件向邮件地址列表上的人发送特价优惠信息，年龄更大的消费者反响可能更好。另外，美国的一项研究证实，相比于女性，男性对特价优惠（如优惠券）感兴趣的可能性更低。[17] 所以简单来说，如果你的目标消费者群是超过30岁的女性，你就要充分利用特价优惠活动。

消费者行为专家菲利普·阿德科克（Phillip Adcock）认为，特价优惠本身由许多不同的心理因素决定，包括无意识的心理过程、关于要买什么的有意识的思考，以及购物时对大脑不同部位的同时利用。[18] 因此，很少有特定测试是针对特定环境下的单个市场的。如果你想最大程度地利用你网店提供的特价优惠，就必须对它们进行测试。事实上，测试价格显示的所有元素是必要的，可以确保你获得最好的结果。

测试价格的各个方面，最简单的方法是使用A/B测试。为此，你可以创建两个页面比较你所考虑的要素，如特价优惠。一个页面包含优的价格，另一个则不包含。然后，你向第一位访客展示第一个页面，向第二位访客展示第二个页面；向第三位访客展示第一个页面，向第四位访客展示第二个页面……如此交替出现。谷歌提供的软件是通过分析服务来做这个事情。测试运行一段时间后，你将能够看到这对销售有什么影响。

动态定价，透明是关键

动态定价在在线零售商中非常流行，它是指针对向每个消费者展示的价格，根据各个不同的因素进行调整，并通过数据库软件进行实时分析，然后针对特定消费者生成特定的价格。分析中用到的因素可能是消费者访问该网站的频率、特定产品在特定的日子里受欢迎的程度，以及竞争对手网站上的当前价格。此外，价格也可能根据需求发生改变。这种现象在旅游业中经常出现，比如机票价格会随着供应量下降而上涨。

显然，动态定价给零售商带来了不少好处。它方便、自动，且有助于使某些商品产生更多的利润。但是，消费者也逐渐认识到动态定价已经到位，并可能做出消极反应。

2000年，亚马逊开始在DVD上测试动态定价，结果引起了相当大的负面反应，人们声称这不公平：对于相同的产品，有的消费者却比其他消费者多花了15美元。即便如此，2005年，美国有线电视新闻网（CNN）报道，大多数人仍然不知道网店为不同消费者提供的价格可能有很大差别。2012年,《华尔街日报》对动态定价做了调查,发现它普遍存在,即使有76%的消费者都反对。[19]甚至出现了一些热门网站,专门说明如何避免动态定价和有时的高价。

所以,当你的网站极有可能通过提供动态定价提高盈利能力时,也有可能出现消极后果,并且这样做可能会影响潜在客户对你的网站的看法。

美国马里兰大学的研究人员曾考虑过动态定价影响人们对网店看法的可能性。研究人员在有关动态定价对于消费者行为的重要性的研究中说道:

> 消费者希望公布的价格在一段合理的时间内保持不变,且对所有消费者一视同仁,如果他们发现自己因为动态定价受到了歧视,就会不再信任商家。[20]

消费者认为透明是关键。事实上,处理动态定价的一个方法就是针对消费者类型提供不同价格,但是你必须对此保持透明。例如,网站可以为会员提供不同的价格。同样,微软和Adobe都实施了学术定价策略,以比一般价格低许多的价格为学生和学术研究人员提供可下载软件。这种动态定价公开透明,因此比许多网店都想采用的"秘密"或隐蔽的动态定价方法更能让人接受。

另一种透明的动态定价方法则为公用事业部门所使用。在电力供应领域,价格会根据消费者预计来年将使用的电量发生变化,例如拥有多少电器,以及准备实施节能活动的程度。通过回答几个问题,消费者就可以看到收费价格如何变化。电信部门也使用了类似的透明定价方法,价格会根据一些因素变动,比如你是否愿意预存话费。

> **一键下单 TIP**
>
> 如果你想在你的网站上设置动态价格以适应市场环境,那么让你的策略保持公开会让你赢得消费者信任。

比价是一把双刃剑

正如我们已经看到的,互联网已经使人们能够轻易发现两地或两个网站上价格的不同。人们只需点击几下鼠标就能查看不同商家的价格,或发现不公平的定价策略。2011年,Adobe 将 Creative Suite 5.5 软件作为在线服务推出时,情况就是这样。你不必购买物理磁盘,而可以直接在线租用这个软件。然而,正如 PC Pro 杂志所披露的,你可以在美国以 129 美元(当时相当于 78 英镑)租用这个软件,但在英国却需要 139.20 英镑,包含 20% 的增值税。过去,软件公司声称在英国需要定价更高,是因为他们的程序需要语言本地化,需要支付额外的运输成本,以及面临着零售商更低的折扣。但是,PC Pro 指出,这个软件是由设计厂商直接提供的在线服务,因此不需要这些额外的费用。

在澳大利亚,这个软件的价格也远远高于美国。不过,这导致澳大利亚政府对 IT 行业定价发起了一项调查。就在这项调查开展之前,

Adobe 将它在澳大利亚的价格下调成了与美国相同的价格。因此，即使企业认为他们有权在不同的国家采用不同的价格，但是互联网可以防止这种情况出现，人们很快就能意识到事情的真相或认为这不公平。这使得消费者更注重价格，但他们不一定是想获得最便宜的价格，而只是希望价格公平。

在网站之间快速比价的能力导致了比价网站的发展。比价网站让人们通过访问一个聚合网站就能获得比价信息，而不必自己逐个查找各个网店。第一个比价网站 PriceWatch 早在 1995 年就成立了，但是这个领域直到 2000 年才随着一些网站真正繁荣起来，如 Shopping.com、PriceGrabber 和 Shopzilla，它们都是世界上最大的比价网站。在欧洲，行业领导者是 Kelkoo，而在澳大利亚是 getPrice。

现在也有专门针对特定领域的网站，如 Trivago 针对酒店业，comparethemarket.com 针对金融服务。然而，这些网站是从它们列出的公司身上赚钱，这些公司要么支付固定费用，要么按照通过该比价网获得的每次点击付费。换句话说，在线零售商付钱给比价网站，确保能获得希望得到低价的访客量。没错，事情就是如此：商家付钱给其他网站，是为了找到想少花钱的消费者！

对于使用这种系统的零售商，一条出路是制定高"参考"价格。这意味着，建议零售价被虚假抬高，从而让"折后"价看似不错。然而，诺丁汉大学商学院的研究人员提出他们调查了假日特价，发现人们对比价网站上很高的参考价格持怀疑态度，这导致"潜在行为的影响"。[21]

意思是，如果公司利用比价网站设置较高的推荐价格，然后提供大幅折扣，消费者会表现得更谨慎，且不太可能购买。

此外，一项针对保险行业的比价网站的分析表明，竞争压力导致许多保险公司以亏损的价格提供产品，除非消费者购买其他产品或续购第二年的保险，才有可能盈利。

比价也不一定完全对消费者有利。2007年，意大利政府通过了一项法规，要求加油站向汽车驾驶者提供燃油价格对比。相互竞争的加油站要在路边的告示牌和网上展示汽油和柴油的价格。价格不断更新，会为驾驶者提供一个即时信号：哪里的燃油最便宜。这项法规背后的意图是，价格显示的竞争性将迫使石油公司保持低价，从而惠及消费者。然而，研究发现情况并非如此。[22] 相反，价格平均上涨了1美分，而政府的预测是下跌8美分。研究人员并不能确定其原因，但是一种可能的解释是，石油公司和燃料零售商之间达成了协议，实际上避免了市场主导的价格竞争。

另外，即使在网上比价容易实现，也会让人分心。即便比价完成，消费者依然会怀疑是否得到了真正的实惠。此外，消费者通常会选择之前买过的商家，即使他们最喜欢或信赖的商家的价格稍微贵一点儿。他们仅仅想检查价格是否过高。在这种情况下，比价网站只会让网上商店利润降低，因为它带来的客户是忠实客户，但需要额外付费。

英国广告标准管理局（ASA）向消费者提出了如何使用比价网站的建议，这正是比价网站缺乏实效的一个象征。ASA建议人们，要使用多个比价网站以确保比较公平，并且阅读附属细则。如果消费者需要自行做这么多的工作，比价便捷性就大大降低了，因而也就不那么有吸引力了。

价格真的重要吗？

几年前，我接了一个客户 ICI 油漆，它旗下拥有多乐士等多个品牌。在一次会议上，这家公司的会计师的大胆论断令我大吃一惊，他说，价格无关紧要。当时，多乐士的价格相比主要竞争对手，比如大型 DIY 和家居装饰店提供的自有品牌涂料，贵了两倍多。但是，它的市场份额是它们的两倍。那位会计师说，如果价格确实重要，人们会纷纷选择更为便宜的涂料产品。他说，真正重要的是质量和品牌认知度的结合。多乐士涂料质量上乘，品牌备受尊重，因此人们愿意支付更高的价格。

许多零售商认为价格至关重要，而对消费者来说它是次要的。在我们当地的超市里，产品下面会有显示了竞争对手的价格的标签。通常情况下，我光顾的超市，产品价格要比其他超市便宜一两美分，不过有时会更贵。但是，我何必为了节省几分钱而开车去一两公里之外的其他超市呢？超市本不需要让消费者的关注焦点放在价格上，而如果它这么做了，那么让消费者觉得自己获得了巨大价值的可能性就十分微小了。

一键下单 TIP

让你的消费者关注你的品牌价值，这样你就不需要考虑降价了。

CLICK.OLOGY
如何让顾客一键下单

人们只需几秒钟就能决定是否购买某件商品，所以价格显示的方式是赢得销售的基本要素。价格显示不当，你的销量就会减少。

1. 刺激消费者期待合适的价格。如果你希望他们觉得自己会获得低价，那就确保你的网站设计不要过于奢华。
2. 价格尾数使用奇数。
3. 如果你希望强调价值，就让你的价格听起来短。
4. 显示价格的字号要得当，低价使用小字号。
5. 考虑价格的字体颜色，有时红色可以带来更多销量。
6. 勿用折扣，它并不像许多零售商想的那样有价值。
7. 通过展示库存水平或特价优惠突出稀缺性。
8. 如果采用动态定价，则需要保持透明，避免失去信任。
9. 切勿比价，而应将消费者的注意力集中在品牌的价值上。

what works in online shopping and
how your business can use consumer psychology to succeed

05

为什么放弃购物车
▼

CLICK.OLOGY

what works in online shopping and
how your business can use
consumer psychology to succeed

想象一下,你在逛超市,手推车里装满了挑选好的商品,然后去结账。正当你把东西拿出来放到传送带上时,你改变了主意,直接将购物车遗弃在了收银处,走出了超市。而且,这样做的不止你一个。如果超市内一半以上的人都这样,会造成什么结果呢?你能想象如果全世界有数百万人遗弃购物篮和手推车,会出现怎样的混乱吗?更糟糕的是,你能想象商家需要为此承担多少成本吗?首先会有易腐食品的损失,如解冻的冷冻食品,以及需要额外的工作人员把东西放回货架上。最重要的是,超市将被手推车和购物篮塞满,于是消费者将迟迟不能进入超市。结果是销量更少,价格更高。实体零售商都会竭尽所能去阻止这种情况发生:保证有充足的收银台开放,配备自动扫描收银台以避免排队,安排员工帮助消费者找到最快的收银通道。

然而,在线零售商似乎很乐意让消费者放弃购物车。事实上,网上60%~74%的购物车都会被遗弃。[1]就在消费者几乎快要完成购物时,就在他们即将支付时,他们会说:"真是太麻烦了!"然后当即离开,前往其他网站，将自己的购物车弃之不顾。更糟的是，在线零售商似乎对此浑然不觉。

是什么原因让网络用户如此频繁地放弃他们的购物车呢？

网上购物车手续烦琐

一个问题是，大多数在线购物车麻烦，而且使用起来不方便。

如果你走进一家实体店，挑选了一些商品，然后走到收银台，却被告知你必须先提供用户名和密码才能支付，你会有什么反应？在实体店，你不必登录，但是在网上，成千上万的网店要求你这样做，这就为购物设置了一个额外的步骤。

系统会在你支付之前，要求你填写各种信息，如你的家庭住址、电话号码等。而在实体商店，你可以用相同的信用卡支付，而不必提供任何此类个人信息。事实上，40%的消费者放弃购物车是因为系统需要太多的信息，或者他们需要先登录。

当然，其中一些信息对于派送是必要的，有一些是为了保护我们自己的安全，但有一项研究发现，平均每个在线购物流程都会出现五六个独立的页面。[2] 这不叫方便。

拍卖网站 eBay 已率先实现无须注册即可购买。你可以以"游客"的身份购买，无须事先登录或提供任何信息。诚然，其中存在一些限制,比如商品以最高价出售,或者你可以使用游客服务的次数。即使有这些限制,但是它远没有那么麻烦了。

其他购物车软件供应商也纷纷效仿,如osCommerce,这使得网店不需要访客注册就能出售商品。当然,并不是所有商家都了解这些软件,有一些商家就选择对它们视而不见,因为它们希望用户能订阅它们的新闻邮件以及此类服务。但是随着这些功能不断普及,我们会看到越来越多的商家提供更便捷的购物车服务。

另外,还有一个问题需要注意:移动设备上很少有便捷实用的购物车,从而导致更多人遗弃购物车。实际上,即使与普通的网上购物车相比,手机上的购物车一般也很糟糕,它需要消费者点击,而不是通过触屏解决,而且它采用的是下拉式菜单,不便于手指点击浏览。根据一项研究发现,通过手机访问的购物车被遗弃的比例高达97%。[3] 在这一领域里,技术供应商都投入了大量的心血,零售商应当效仿。

意想不到的支付问题

消费者购物时,希望在支付之前知道可以使用哪些支付方式。在大多数实体商店,你可以看到窗户上的信用卡标志,虽然实际上没有这个必要,因为几乎每家店铺都支持各种支付手段。在网上,情况就不同了。

一些在线零售商甚至不支持信用卡,它们强迫你发送支票或使用银行转账支付，但是直到你挑选好商品，准备结账时，它们才会告诉你。

即使网站自豪地宣称"请使用信用卡支付"，但你结账时才发现，该网站不支持你所持有银行的信用卡。例如，有的在线零售商只接受Visa，如果你只有万事达卡，就成问题了。

研究表明，每100个网上购物车中，有7个是因为消费者结账时发现支付选项不足而放弃。

另一个问题是，当你一路操作下来要结账时，发现需要额外支付邮费，或者更糟，邮费过高。事实上，在针对网购用户的一项研究中，56%的人表示如果邮费过高，他们将放弃购物车；68%的人表示他们给在线零售商的最重要的建议就是免邮费。[4] 这应该是意料之中的事情：你在实体店购物时，不需要向商家额外支付快递费。我们不习惯支付额外费用，而且我们通常认为商品价格应包含了一切成本。许多在线零售商直到最后一分钟才透露这些额外费用，致使许多人放弃购买。

免邮费是有代价的

当然，免费快递实际上不是免费的。以亚马逊为例，它为它的Prime会员提供免邮服务。在英国，Prime会员每年费用为49英镑，在美国为79美元。不过，只要你一年内在亚马逊上购买超过约16件商品，就能节省这笔费用；超过16件之外的其他商品都直接免邮费。除此之外，英国的Prime会员服务保证第二天送达，在美国为两天之内送达。

并且如果你有Kindle，还可以借阅书籍，而不需要购买；美国的Prime会员还可以通过Prime即时视频服务无限时观看电影和电视节目。因此，对于很多人来说，这项服务的价值超过了它本身价格的数倍。亚马逊这样做的好处是，这项服务牢牢锁住了消费者，让他们更愿意在亚马逊购物，这样他们也不必面对意想不到的运费了。亚马逊的营业收入每秒超过1 500英镑，这表明即使是最小程度地减少放弃购物车现象，也能产生显著的影响。

在线时装零售商Asos的"尊享服务"（Premier service）采用了相似的套路。会员支付9.95英镑的年费，所有订单都能在第二天送达，而且没有订单最低价格限制，同时还可以获得一项零售价为14.95英镑的时尚杂志订阅服务。但令人惊讶的是，少有其他在线零售商采用这种方法。

很多网站的做法是，你的购物车中商品总价达到一定数额就能免邮费。例如，乐高在线专卖店要求你最少花费99美元才能免邮费。有一些网站每年只有一天提供免费邮寄服务，就是圣诞节前的周一，自2009年以来这一天就被标记为"免费送货日"。

绝大多数商家都非常认同"免费"一词是一个强大的情感触发器。行为经济学家丹·艾瑞里（Dan Ariely）在《怪诞行为学》一书中详细介绍了几个实验，这些实验表明，人们会被免费的概念所吸引。[5]如果网店能够投入比之前大很多的努力去突出"免邮"服务，不仅能降低消费者由于额外快递费用而放弃订单的程度，而且也更有可能成为消费者购物时首选的地方。

网络延迟让人沮丧

人们不去网购的另一个原因是网站本身运行速度太慢。根据一项研究得出的结论，仅仅加快购物车页面的切换速度，就可以让销量提升2/3。[6]

随着宽带速度的提升，这个问题会变得更加突出。例如，英国已有数百万人享受了 60 Mbps 或更高速的宽带服务，这使得网站能立即响应而不会出现明显的延迟。如果在线零售商不能快速显示购物车信息，那些高速宽带用户就会非常生气，因为他们不习惯等待。即使你达到了平均宽带速度，但是等待时间超过几秒钟仍然是令人沮丧的。

网店常常将此归咎于自己服务器的负载、数据库的规模，以及许多其他问题。但实际上，是它们在技术上投入不够，无法满足消费者的需求。这意味着这些网店将面临出局的危险。消费者不会认为网店是无辜的，相反，他们会转向另一家能快速加载购物车页面的网店。

已有多项研究证明，网店亟须改善它们的网速。WordStream 是一家线上广告和营销咨询机构，它发现通过缩短网页加载时间，销售转换率增涨了 15%。[7] 这点得到了 KissMetrics 的证实，该公司专门帮助线上企业留住消费者。KissMetrics 证实，网页加载出现一秒钟的延迟就会减少 7% 的销售转化率。[8] 此外，它还发现如果购物页面加载缓慢，79% 的人以后都不会再回到该网站购买。

线上数据咨询公司 QuBit 开展的一项研究显示，2013 年年底购物页面加载缓慢大约造成线上经济损耗40.8亿英镑。⁹其中提到，一些在线零售商，如家具巨头宜家，在系统响应速度方面表现不俗，但其他零售商，如巴诺书店的表现则不如人意。而就在这项研究开展的2012年3月，巴诺书店的网页加载时间曾是宜家的11倍。有趣的是，2011年到2012年，宜家的线上销售增长了近25%，而巴诺书店的线上销售则有所下降。

响应缓慢的网站也会频繁出错。例如，页面刷新后之前输入的数据会随之消失，所以用户必须重新输入。许多在线零售商无法将购物车中的信息在页面转换时保存下来，这意味着会惹恼消费者，同样，消费者也不太可能继续或返回。

持续购物车，永久购物车

网购用户消息灵通，知道怎样寻找便宜货。所以，他们经常会先去一家店，将商品加入购物车，接着再去另外一家店干同样的事情。然后，他们就可以比较两者的总额，包括税费和邮费，以及送达时间。这时，他们可以选择提交一个购物车而清除另一个。然而，要做到这一点，他们必须能够保存购物车，以便以后返回。

在现实世界中，你一直都是这样做的：逛商店看商品，并在心里记下它们的价格，然后趁着去喝咖啡的间隙细细盘算一下，接着返回商店，直奔你想要的物品，拿到收银台结账。一些实体商店甚至会将商品放在一边，一直等到你打定主意。

然而，许多在线零售商不会让你保存你的购物车，这意味着你要么现在就买，要么等到你最终决定确实想要购买，再从头来一遍。消费者不能保存购物车以待后用，是造成 25% 的购物车订单被放弃的原因。

当然，有时你没能保存购物车，是因为受到其他事情的影响而分心，或者误将浏览器窗口关闭。一些购物车系统对此提供了解决的办法。例如，Shopify 公司将消费者的购物历史信息发送给商家，让它们有机会通过邮件给消费者发送重建购物车的链接。这不仅有助于减少消费者放弃购物车对网店营收造成的影响，而且如果消费者确实想返回该购物车，也可以发挥重要作用。

目前在用的两个主要的购物车系统是：持续购物车（persistent shopping cart）和永久购物车（perpetual shopping cart）。Shopify 和大型零售商如亚马逊使用的是持续购物车。这种购物车会记住用户曾经想购买的东西，即使用户退出网店或关闭浏览器窗口，记录依然存在。大多数网店通过设置一个 cookie 来实现这一功能，cookie 是存储在电脑里的一个小文本文件，等到用户以后再回到该网店时，它就会查看你是否拥有 cookie 文件，如果有，它就会复制 cookie 的信息到购物车。

永久购物车则不同。它始终存在，通常位于浏览器窗口的顶部。当你从一个页面跳转到另一个页面时，它会持续添加你决定购买的商品到购物车中，并合计总价。根据一项研究显示，在线零售商更喜欢这种购物车，因为它有助于提高销售转换率：消费者可以知道已经消费了多少，从而将花费控制在预算内。[10] 这也往往意味着，如果你离开这家网店，以

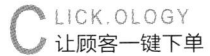

后再回来,你的购物车会被保存下来,不必再重新开始。但是,并非所有永久购物车都会让你保存,以备后续购买——它们希望你立即结账。这可能会让消费者感到失望,他们会认为自己已经储存了该购物车,而实际上购物车只会存在很短的时间。真正的问题是缺乏一致性。

由于人们可能在办公室上班时就开始在台式电脑上购物,直到回家路上才在智能手机上完成购买,保存购物车以便以后考虑的问题变得更加突显。如果网店不使用永久购物车,消费者就不得不从头开始。幸运的是,一个较新的系统登上了购物车的舞台——麦进斗(Magento),它正迅速成为许多网店的标准系统。麦进斗运用持续购物车机制,专注于提供各种设备通用的一致的购物体验。

征税时刻

人们放弃购物车的另一个原因是发现必须缴税,如增值税。与运费不同,许多在线零售商直到最后才显示税费。在欧盟,线上线下适用的法律不同,并未让这种情况得到改善。举例来说,如果你在英国的实体书店买一本书,就不需要支付增值税,但是如果你在线购买该书的电子版本,比如在 Kindle 上,就需要支付增值税。虽然亚马逊显示的价格就是你要支付的金额,但是其他在线零售商就不那么好打交道了。

在美国,如果《市场公平法案》(*Marketplace Fairness Act*)被通过,这方面就可能变得极其复杂,该法案要求网购支付销售税,不过目前它仍在讨论当中。

让人们购买计划之外的商品

一些在线零售商利用购物车过程引诱消费者购买预先计划之外的商品，称之为"向上销售"或"交叉销售"，也就是引诱消费者购买额外的商品，或者推荐类似的其他商品。许多实体店也采用了同样的做法：消费者走到收银台结账时，售货员会介绍"今天的特别优惠"。消费者在麦当劳购买汉堡时，也会收到著名的加售推荐："想再来点儿薯条吗？"

在麦当劳，向上促销发生在消费者进入支付模式之前，但已决定了购买哪些东西之时。但是在网上，这种向上销售往往发生在消费者决定了购买什么之后，所以它们让人生厌，因为消费者在这个阶段已经选好了东西。特别是，人们不喜欢所谓的"垃圾"向上销售，即购物车自动添加商家认为消费者喜欢的商品。虽然总金额只增加了几美元，但是如果商家侥幸得手数千次，就能从中小赚一笔。

一些网店显然也懂得向上销售和交叉销售，能让购物车体验发挥良效。亚马逊又是一个很好的例子。

一键系统（1-click System）

只有亚马逊和苹果公司（获得了亚马逊的技术授权）才有能让人们一键购买的购物车系统。即使这项技术最初申请专利时存在争议，但是亚马逊的"一键"购物车的专利商标意味着这家公司拥有这项技术的专利权。从本质上讲，这个系统消除了网上购物车的所有不便。消费者不必每次购物时填写表单或确认个人信息，只需选择想要的商品，确认收件人，点击"一键下单"按钮，就完成了购买。

亚马逊也对收集消费者的数据有着严格的要求。在接受《福布斯》杂志采访时，创始人杰夫·贝佐斯解释说，亚马逊有一种"度量文化"，即消费者行为信息的一点一滴都会得到测量和分析。[11] 因此，亚马逊能够提供有用且有趣的向上销售和交叉销售服务，比如"购买了这个商品的人还买了"，或者"新产品"之类的推荐。向上销售发生在点击"去结账"的最后操作之前，意味着这种推销其他产品的方式比许多购物车系统的刺激性要小得多。

在一次全面审查中，一家专门从事将网上的潜在消费者转换成买家的 Rejoiner 网站指出，亚马逊的购物车基本要求，可能是使它成为世界上排名第一的网上商城的原因之一。[12]

刺激人购买，用细心的服务留住消费者

已经有一些在线零售商成功将购物车调整得像亚马逊那样好了，但还是有许多零售商没有采取措施刺激人们购买。实际上，对于将商品添加购物车后又放弃购买的消费者，只有13%的商家会在之后再联系他们。这有点儿像在实体店里，一个人走到收银台，将他想要购买的商品拿出来，然后转身走了，而店员对此一声不吭。在现实世界中，店员至少会问消费者是否有什么问题，甚至还可能追上去。但在网络世界中，

绝大部分零售商则若无其事地继续下去。

消费者喜欢那种自己被需要、自己的光顾受欢迎的感觉，但不要给消费者发邮件说："你想要完成你的订单吗？"这句话就是一个信号，表明零售商不关心或不"喜欢"他们。

考虑一下消费者买完东西，完成购物车过程之后，你应该做些什么。使用页面感谢他们的光顾，让他们感觉受到了重视，如果可能，也可以向他们提供下次光顾时可以用到的赠品条码，鼓励回头客生意。此外，确保系统使用邮件为每笔购物发去收据。有时，网上购物会让人感觉像是掉入了一个黑洞，所以要用细心的服务留住消费者，并在邮件中告诉他们如有问题可以联系的人员。

打造完美购物车的 8 个建议

对于如何打造完美购物车防止被放弃，或如何减少最后时刻放弃购买的比率，有许多建议。尽管步骤非常简单，但是似乎少有在线零售商听从这些建议。在线零售商需要做的是：

◎ 提供一个清楚、简单、流畅的购物和支付系统。
◎ 提供免费邮寄服务，或者至少在人们开始购物之前说明真实情况。
◎ 显示含税价格。
◎ 支持所有支付方式。
◎ 避免使用垃圾邮件的向上销售手段。

CLICK.OLOGY
让顾客一键下单

◎ 确保网站快速响应,切换界面后表单中的数据要及时更新。

◎ 确保购物车在移动端上使用方便。

◎ 无论消费者在交易过程中因何原因中途离开,告诉他们,你需要他们。

CLICK.OLOGY
如何让顾客一键下单

选择合适的购物车技术至关重要。如果你的购物车系统不好用,而且不能用于手机和平板电脑,无疑将会损失销售业绩。

1. 尽量减少结账过程中涉及的操作。一键下单是亚马逊的专利,但两次点击应该可以实现。
2. 确保你的购物车在移动端上使用方便。
3. 确保每个页面顶部始终显示购物车图标和购物车中的商品数量。消费者逛网上商城时经常找不到返回结账页面的方式。
4. 尽可能少地收集必要的数据:表单中有太多的空格会导致销售降低。
5. 如果你要面向欧洲市场,确保你的购物车能处理好增值税的问题。很多购物车程序都无法处理税、增值税和发票的问题。
6. 不要在结账时突然增加额外的费用。让消费者了解支付方式。
7. 确保你的购物车系统通过电子邮件为买家提供收据。

what works in online shopping and
how your business can use consumer psychology to succeed

06

让头回客变成回头客
▼

CLICK.OLOGY

what works in online shopping and how your business can use consumer psychology to succeed

在线上零售的世界里，消费者期望能够获得比在线下世界更高水平的客户服务。部分原因在于，提供卓越服务的企业进行了广泛的宣传，让消费者意识到商家可以提供更高品质的服务，因而提升了自己的期望。

大多数零售商，无论线上或线下，都可以从 Zappos 身上学到很多东西。该网站将自己描述成"碰巧做了销售的客户服务企业"。现在，Zappos 为亚马逊所有，但在很大程度上保持独立运营。它拥有 10 项核心价值观，都和销售无关。在创办的前 6 年间，从一无所有发展到营业收入达到近 10 亿美元，Zappos 一直都没有重视过销售。相反，它的重心是通过为消费者提供梦幻般的服务留住他们，让他们不想去别的店。Zappos 的做法包括：某人忘记准备参加婚礼的行头，Zappos 可以为他提供鞋子；某位女性腿脚有毛病，Zappos 可以为她送去鲜花；从不照搬任何客户服务的脚本。结果，客户中有 75% 都是回头客，公司大部分的营销靠的都是人们口耳相传。

如图 6-1 所示，在 Zappos 网站上，每个页面的右上方都有一个明显的链接连接到退货板块，该板块提供了明确的操作说明，另外还有两个页面详细介绍如何退货。此外，这两个页面还提到你可以在购买商品的 365 天内退回任何商品。没错，在 Zappos 购买的商品整整一年后，你仍然可以退货。事实上，如果你碰巧是在闰年的 2 月 29 日买的，那么退货期限就延长了 4 年，因为这一天要到 4 年之后才会再出现。不仅如此，退货还是免费的：消费者需要做的就是把该商品放入快递公司的投递箱或邮局，这意味着无论你家住何处，都很方便。

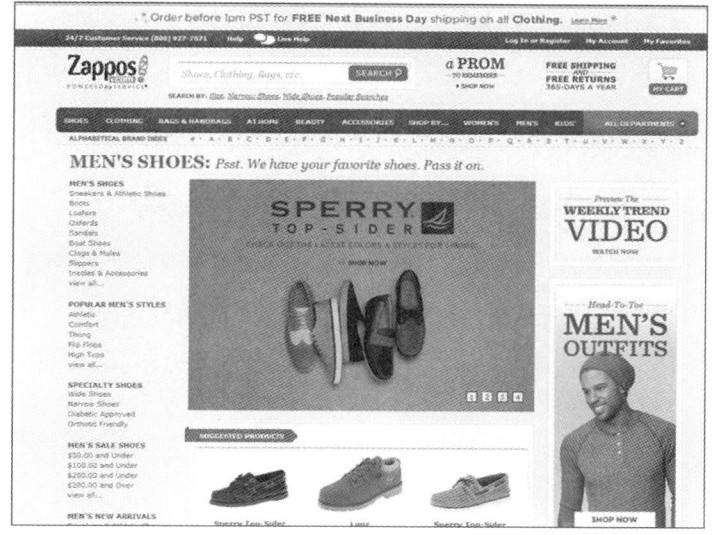

图 6-1　Zappos 的网站截图

你可能会认为这太疯狂了。Zappos 不但没有设法规避退货，反而积极鼓励消费者过度购买和退回他们不想要的商品。这样做，它就要承担巨大的成本，不仅有来回两方面的运输费用，还包括过度购买所需要的额外库存。但是，它认为额外的投入是值得的，因为这是一个崇尚客户服务至上的公司。

Zappos 公司 CEO 谢家华告诉《成功》（*Success*）杂志：

> 2007年，我们首次获得巨额利润。当时我们的营业利润率约为净销售额的5%。此前几年，我们为了让公司获得最大的发展，一直保持在收支平衡的水平。之前的三年，我们本来可以实现盈利，但我们决定，无论盈利多少都要再投进去。[1]

运营成本高，但回报容易，因此是可以盈利的，事实上亚马逊一直都让 Zappos 公司作为一个独立的品牌运营，没有将它融入主体。

2011年，《金融时报》（*Financial Times*）一篇关于 Zappos 的文章揭示了优秀的客户服务的重要性。[2] 在最初成立的几年里，Zappos 使用直接出货的方式：取订单，再直接发送给制鞋企业，由制鞋企业将商品发给消费者。然而，制鞋企业经常不能按时交付商品，或根本没有发送商品。这意味着 Zappos 必须建立自己的库存并自行发货，以达到设定的客户服务水平。

Zappos 并不是被迫这样做的第一个在线零售商。亚马逊最初采用的也是直接出货的方法，后来为了提供良好的消费者体验，才不得不在仓储与配送上投入资金。互联网的一个重要承诺是让零售商无须建立库存，它之所以未能实现，是因为传统行业的服务差劲。

不过，你不必成为像亚马逊这样的庞然大物来提供高水平的服务。Bellabox 就是这样一个例子。

Bellabox

新加坡美容及化妆品公司Bellabox设立了一项免费退货政策,并在它的网站上做了详细说明。每个页面都带有明显的退货选项标志,并且有一个简单的常见问题回答系统来回答退货的问题。

简言之,该政策声明消费者可以在收到商品的7日之内退货,Bellabox将承担退货的运费成本。Bellabox提供了一个电子邮件地址,用作联系退货事宜。

虽然这些条款可能不像Zappos提供的那样大方,但是对于相对较小的公司,的确已经非常好了。

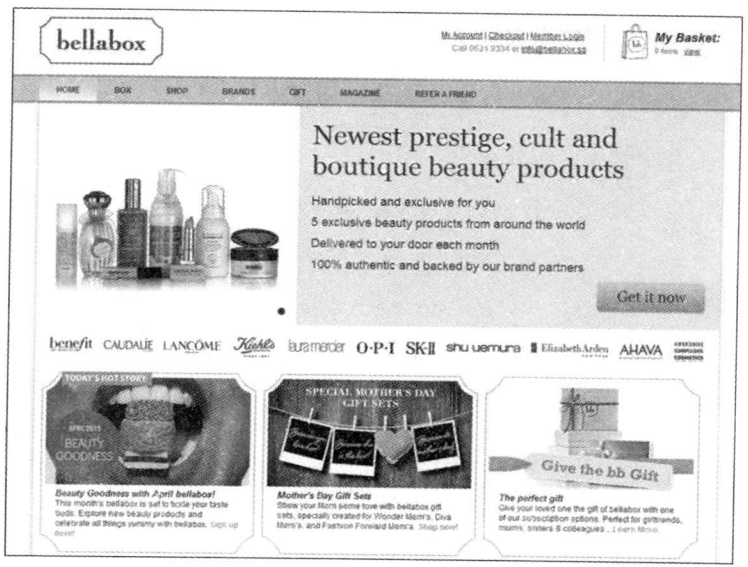

图6-2　Bellabox的网站截图

当然,尽管网购用户期望能够免费退货,但是一些零售商可能因此而亏本。所以,在消费者的期望和实现盈利之间找到适当的平衡是很重要的。南开大学在中国开展的研究可以提供一点启示。[3] 该研究发现,消费者在退货方面的期望与产品的质量和价格有关。价格越高、质量越好,就越需要提供免费退货服务;成本低、质量差的商品并不一定需要这样的政策。

优秀的服务值更多的钱

客户服务的另一个方面是,为客户提供帮助和所购产品的信息。不过,最近零售商最省钱的一项改变是取消说明书。取而代之,你可能会收到一份传单,上面说你可以登录网站,下载产品说明书的PDF文件。不仅包裹重量减少,打印和运输成本也随之降低。而且,零售商可以称颂自己对"环保"所做的贡献,因为节省了纸张,减少了运输负荷,从而降低了碳排放量。除此之外,他们可以在网站上提供不同语言版本的说明书,提高消费者满意度。所以,人们有什么理由不喜欢PDF形式的说明书呢?

如果你浏览网上的论坛和博客,就会发现许多人都不喜欢PDF形式的说明书。人们普遍抱怨装产品的盒子里面没有纸质说明书。例如,"数码摄影评论"(Digital Photography Review)论坛上就有一个帖子在抱怨佳能SX30相机没有纸质说明书。[4] 抱怨者指出,网站上的说明书并不能为外出摄像的人们提供真正的帮助,这些人在野外有时无法连接网络或手机信号，而纸质说明书就比较方便，可以塞进摄影包里。

BBC第四电台关于说明书的纪录片中，伦敦国王学院的马克·麦道尼克博士（Dr.Mark Miodownik）说，纸质说明书代表了产品与用户之间的一种联系。[5]没有说明书，产品与用户的关系会变得疏远，用户与品牌之间的联系也不那么紧密。

另外，零售商还有一项隐蔽的成本：需要安排更多客服人员处理消费者寻求答案的电话和电子邮件。大多数客户呼叫中心的表现都是通过处理电话所花费的时间来衡量的，因此工作人员时刻处于压力之下，需要以尽可能短的时间处理完毕（相比之下，Zappos的一个电话持续了10小时29分钟，实在让人吃惊，不过该公司注重的是质量，而不是时间）。客户呼叫中心使用最广泛的缩略词是"RTFM"，表示"去阅读那份该死的说明书"。但是，如果没有说明书，客服人员就需要没完没了地复述说明书上的信息，这会让他们很累，并有可能对服务产生负面影响。

根据RightNow所做的消费者体验造成的影响报告，如果有过一次糟糕的体验，82%的消费者不会再光顾那家店。[6]此外，66%的消费者表示，如果商家为他们提供了优质的体验，他们会愿意花更多的钱。客户服务是人们推荐某家网站的主要原因，排在产品之前。换句话说，优秀的客户服务可以为你赢得更多客户，让你获得更高的收益。然而，取消说明书这样的省钱措施只会增加客户的不满，损害他们对客户服务的印象。

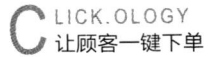

客户服务方案，网站是最重要的

我13岁的儿子埃利奥特最近去法国做交流生，在一个法国家庭住了两个星期。他走之前的几个星期，我从乐购上给他买了部新手机。那是一笔费用不小的交易：他想要的智能手机是合约机，每个月的费用在他的承受范围内。但是，其间他有一两天没来电话，不由让我感到担心。最后，他使用那个法国家庭的座机打电话来说，他的手机还能用，可以接听电话或收短信，但是不能拨打电话了。听起来像是仅能接入的电话。于是，我登录乐购网站，找到了帮助板块和介绍在国外使用手机的板块。正当我开始阅读时，突然弹出一个小窗口，询问我是否需要聊天咨询。

于是，我输入我的问题，并按下"现在聊天"。几秒钟后，我收到了客服代理发来的一条消息，询问我一些更具体的情况。然后，他客气地叫我等一会儿，说要查询一点儿东西。接着，他告诉我是什么问题以及如何解决它。一分钟后，我儿子的电话在法国恢复了正常，他给我发来了一条短信："谢谢爸爸。"如果我仔细阅读了网站上的帮助板块，就可以自行解决那个问题，但是要花费更长的时间。而那个聊天工具就像梦一样，指导我以最快的速度找到了解决方案。

客户服务软件公司Synthetix的研究表明，现在去网上寻求帮助和支持的人比打电话的更多。[7]Synthetix指出，人们希望互联网是零售商提供支持和客户服务方案的首选场所。不过重要的是，该研究还显示这种帮助必须迅速响应。

对于在线零售商，这意味着客户服务方案应把网站放在首要位置，其他所有方面的支持，如电话咨询，都是次要的。网站上的客户服务中心是中心，其他所有方面的支持都由此衍生而出。在这方面，澳大利亚折扣百货公司 Big W 做得很好。Choice.com 的"神秘购物"团队调查了这家公司，发现它会提供优质的服务。然而，并非所有的消费者都可以亲身前去 Big W 的实体店咨询，所以它建立了一个综合的在线帮助和支持系统。它在网站上建立了一个精心设计的常见问题回答系统，将问题清晰地分门别类。网站上还标注了一个醒目的电话号码，设置了一个联系板块，让消费者可以自由选择客服人员回复的方式，例如，是否愿意客服用电话回复。这个为消费者提供在线支持的综合系统为零售商树立了榜样，清楚地显示了他们在网上能做些什么。

> **一键下单 TIP**
>
> 注意消费者提出的最常见的问题，为你的在线帮助中心建立一个全面的常见问题回答系统。

人们在网上获取信息的速度、注意力持续时间的变化，以及朝着即时满足文化的转变都意味着，人们对不能即刻解决产品问题的零售商越来越不耐烦了。事实上，RightNow 研究发现，每 100 个消费者中有 2 个希望他们的问题在 60 秒内能得到回复。大多数人都没有那么苛刻，但 42% 的人确实希望当天能得到回应。此外，社交客户服务公司 Conversocial 发现，使用 Twitter 的人中 81% 希望他们与公司的沟通能在

当天得到回应。Twitter 的用户都习惯了快速交流，也希望能得到所联系的公司的快速回复。但是，分析公司 Simply Measured 的一项研究发现，许多企业都未能达到客户的速度要求，没有一家企业能在 30 分钟内回复。即便是消费者希望在一个小时内得到答复，也只有 9% 的企业能做到这一点，不过所有的企业都能在几天之内处理消费者的问题。当消费者需要帮助或有问题需要解答时，企业还无法按照消费者要求的速度提供客户服务。

> **CLICK.OLOGY**
>
> 调查显示，在服务和支持方面，大多数网店远远没有达到消费者的期望。约 80% 的零售商认为自己提供了卓越的支持，但只有 8% 的消费者认同这一点。这中间存在很大的差距，有待弥补。

制造惊喜，让消费者喜欢你

2011 年 12 月 24 日晚上 7 点半，173 名乘客乘坐西班牙航空公司 JK6474 号航班从巴塞罗那飞往西班牙西北部的拉科鲁尼亚，他们并不知道接下来发生的事情。这些乘客正要赶回家去过圣诞，但在半路上，他们听到了一个让他们终生难忘的消息。客舱乘务员告诉他们，他们刚巧遇上了正要前去世界各地的圣诞老人。圣诞老人在半空中施展了一些魔法，给飞机上的所有孩子送来了礼物。这个故事被上传到了 YouTube 上。[8]

这个例子说的是随机为善，做一些完全出乎消费者意料的事情。然而，这种善举来得太迟，没能让西班牙航空公司在 2012 年遭遇收购失败后免于停止运营的命运。然而，其他公司有一些类似的行动。例如，2012 年，鲜花速递网 Interflora 在 Twitter 上开展了一次宣传活动，在英国寻找需要安慰的人。这家公司先根据 Twitter 用户的推文内容确定目标，然后立即与他们联系，获得他们的家庭住址，再给他们送出一束花。

在美国，云服务公司 Rackspace 接听一通客户服务电话要花费一定时间。如果员工在后台听到消费者说饿了，他们就会在客服人员继续和消费者聊天的时候，订购一些外卖食品，给消费者送去。当外卖送来时，消费者还在接电话，客服人员会直接告诉他们去开门，因为那是一份免费的比萨。

有心理学研究对这样的行动做过测试，证明能收到效果，但只有在人们没有料到的情况下。新泽西州蒙莫斯大学的研究人员发现，当餐馆在开出账单时顺带赠送巧克力，消费者所给的小费与巧克力的大小成正比。[9] 这种"互换效应"发生在人们意外被给予某个东西时，让他们感觉良好，所以会做出善意的回应。

对于在线零售商来说，这可能意味着在快递的包裹中附带人们意想不到的礼物。比如，我最近在 Sports Direct 网站上为儿子购买了一些运动装。他很高兴，因为他还收到了作为礼物的 Sports Direct 的杯子。

在线体验需要深度个性化

当商家被问及他们希望互联网为他们做什么时,排在首位的答案始终是"省钱"。当然,网络能为企业省钱,但是也能让企业的成本上涨。商家往往忽视了一个事实:虽然许多过程得到了改进,比如使用会计软件即时更新实际销售,但是在线业务本身会产生一系列全新的业务流程,这些都需要管理,因此提高了成本。这些工作包括管理链接到各个网站的链接,确保网站显示合适的价格,以及与消费者保持联系。然而,注重省钱的心理导致在线零售商频繁对系统采取自动化处理。

最常见的一种自动化是邮件"连续自动回复"。想必你熟悉自动回复邮件吧:当人们去度假或不在办公室时,自动回复设置会自动回复消息。连续自动回复与之相似,但不同的是,它是在一段较长的时间内相继发出多条消息。许多零售商在你从他们的网站购买商品后,就会把你加入自动回复名单。第一条消息是感谢你购物,并提供一些有用的信息,比如帮助页面的链接。几天之后,你可能会收到第二条消息,这一次只是确认一下,并提醒你如有需要可拨打该公司的电话号码。到此为止,这些消息都很有用。一周之后,你会收到另一条消息,上面说因为你最近购买了某件商品,所以向你介绍一些你可能感兴趣的其他相关商品。然后,就这样持续下去,直到你取消订阅该消息。

垃圾邮件有诸多定义,而在线零售商应该坚持一条:如果消费者认为这是垃圾邮件,那么它就是垃圾邮件。即使他们在"我同意"一栏打勾,选择接收你的邮件,但如果他们为此生气,说明你就是在向他们发送垃圾邮件。

此外，邮件还存在其他问题。邮件营销公司 MailChimp 的研究显示，零售商发送的邮件中实际被打开的只有 34%。许多行业都是这样，一些行业（比如每日特价）的情况更糟。零售领域拒收邮件的比例较低，这大概是因为商家要求消费者填写准确的收货地址。即便如此，同意接收营销邮件的消费者中超过 2/3 的人实际都没有接收邮件，其中许多人很可能将它们设置为自动投入垃圾箱。所有主流电子邮件程序，比如 Gmail 和 Microsoft Outlook 都拥有这样的过滤器，在谷歌上简单地搜索一下，就能找到大量说明如何过滤垃圾邮件的文章。无论人们未读邮件的原因是什么，它对零售商来说都不是一个好消息。

> **一键下单 TIP**
>
> 依靠自动回复来推广你的网店会引发消费者的消极回应。谨慎使用这个工具，打造人们想要阅读的邮件。

自动电子邮件的另一个问题是缺乏个性。许多网店似乎认为只要用顾客的名字作称呼，就是个性化的电子邮件。但这不是个性，只是正确的叫法。

2013 年年初，咨询公司 Ovum 指出，现在有多项技术融合在一起，帮助人们获得完全个性化的服务。但与此同时，保险这样的行业，却在通过大众媒体朝着"一对多"的信息传递方向发展。谷歌基于对每个搜索者习惯的了解提供个性化的搜索结果；亚马逊根据每个消费者的搜索和购买模式为他们提供个性化的页面；Facebook 也将每位用户的喜好和厌恶做了个性化处理。因此，消费者的在线体验需要深度个性化，如果零售商不能做到这一点，就达不到消费者的期望。这意味着，相对于自动化方面，网店需要融入更多个性化元素，更多活动需要由人工来完成。

交谈有益，大数据是肤浅的

为了打造个性化的用户体验，你需要深入地进行了解。因此，当消费者在你的网店中购物或在其他地方留下购物信息，比如 Facebook 或实体店，应该尽可能地收集更多信息。不过，消费者可能不愿意在网上透露太多的信息。

主要的问题是人们关心安全和隐私，因此会保持谨慎，不愿意提供太多的个人信息。隐私的一个关键心理功能是独立自主，我们能够掌控自己的生活，不受其他人的干扰。然而，根据《牛津互联网心理学手册》(*The Oxford Handbook of Internet Psychology*)，如果人们能够通过透露个人信息获得一些好处，他们愿意用隐私交换便利。[10] 在线零售商的问题就在于此：你想获得更多消费者的信息，目的是让你的公司变得更为个性化，而你让他们提供个人信息，就必定会给他们造成不便。

甲骨文旗下子公司 Eloqua 是一家客户体验软件公司，它的一项研究显示一个网络表单上版块越多，人们的参与度就越低。版块的总数和转换率之间有比较直接的关系：越少的版块意味着越高的转换率，[11] 然而正如已经强调的，了解客户是为客户提供所需的更具个性化的服务的关键。

简妮·史密斯（Jaynie L. Smith）是美国 Smart Advantage 公司的 CEO，也是研究竞争优势的国际一流专家。据她称，很少有企业真正了解自己的客户。在她的《相关销售》（*Relevant Selling*）一书中，史密斯称公司提供的是它们自认为消费者想要的东西，然而事实上，这往往与消费者真正的想法相去甚远。[12] 举例来说，许多零售商认为自己知道消费者想要买什么，将心思都放在销售的商品上。然而研究表明，消费者知道他们可以从许多商店买到大多数想要的东西，因此他们实际上关注的是商家"如何"销售产品，比如客户关怀程度。

问题是，互联网为企业提供"大数据"，也就是与消费者在线活动有关的大量信息，让企业产生了它们了解消费者的错觉。互联网会画出点击热图，直观地展示消费者在网站上的点击位置，它还能提供许多其他方式来追踪消费者在网页上的操作，比如能显示人们在搜索框中键入的内容，以及查看了哪些网页。这样，零售商就掌握了许多在线消费者的信息，只有一点除外：它们不再通过消费者在场的方式收集信息。互联网缺乏解读肢体语言和语调的能力，在线零售商无法通过和消费者在线聊天留下潜意识层面的印象。与人类的潜意识力量相比，互联网的所有数据都是肤浅的。

在实体店中，销售人员"了解"自己的老主顾，甚至能说出这些老主顾的有趣故事和点点滴滴。此外，当消费者走进店里来时，销售人员

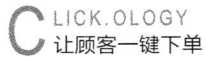

能根据消费者的表情、步态乃至穿着判断他们心情如何。所有这些信息都可用于帮助加强商家与消费者的关系，而在网上却办不到。

为了提升客户服务水平，在线零售商需要做的最重要的一件事情就是，从人性的层面了解消费者，而最有效的方法之一就是与他们交谈。

一键下单 TIP

多和你的消费者交流。给他们打电话，举办活动，与他们交流，直到了解他们。这就是互联网出现之前成功企业的做法，你需要想方设法承继这一习惯。

不执着大企业，只倾心好服务

无论你经营的是大企业，还是一家小零售店，对消费者都不重要。他们不在乎你的公司小，无法雇用足够的员工来"立即"回电话；他们也不关心你拥有的是一家非常大的在线商城，几乎做不到经常接触他们以及和他们交流。所有的消费者真正在意的是良好的服务。

基本上，有关客户服务的研究一致发现，消费者只是希望商家能证明，更重视行动而不是言语。网站可以重复各种"消费者至上"的陈词滥调，但除非消费者能看到或感觉到，否则就言不符实。

无论你的企业是大还是小，消费者都希望你能快速回复他们的邮件，他们希望电话中的客服人员能真正明白他们的问题，他们希望有人能倾听他们的声音。例如，在一家小型零售店，这可能意味着每一位员工都要接听电话，并且有权处理消费者的任何问题。在大型零售商城，这可能意味着你要定期安排小组讨论会，面对面和消费者交流。这些活动都不会带来重大的预算问题。在很大程度上，它们是态度的问题。如果你有正确的态度，将消费者放在业务的中心位置，只需少量预算就能实现良好的客户服务。Zappos是一家大型全球性企业，通过确保每一位员工都对消费者有正确的态度，实现了令人惊叹的客户服务。不过，Bellabox的例子也表明，如果小企业注重取悦消费者，同样可以实现高水平的服务。

CLICK.OLOGY
如何让顾客一键下单

  许多网店都相差不大。你销售的产品可能在其他很多网店也可以买到,除非你开辟了独有的小众市场。所以,网店真正可以让自己变得与众不同的唯一方法就是,借助优质的客户服务。

1. 以客户服务作为业务的中心,而不仅仅是附加成分。
2. 即使你主营线下业务,也应该在网上建立一个在线客户服务、支持和帮助中心。
3. 制定客户服务政策和退货政策,并将这些政策放在网站的显眼位置。
4. 建立一个系统,以便尽快回复消费者的提问,最好是在一小时内。
5. 考虑使用实时聊天工具,迎合消费者对速度的需求。
6. 如有可能,免费提供退货服务,为消费者提供方便。
7. 以利他的方式为消费者制造惊喜。
8. 大幅提升业务中的个性化水平,特别是在电子邮件营销方面。
9. 尽可能地亲身接触消费者,如果做不到这一点,就通过电话进行交流。了解他们,他们会希望保持和你的关系。

what works in online shopping and
how your business can use consumer psychology to succeed

07

消费是一项社交活动 ▼

CLICK.OLOGY

what works in online shopping and how your business can use consumer psychology to succeed

英国第四频道有一个日播节目,让人看后上瘾,名为《与我共进晚餐》(*Come Dine with Me*)。这是一个真人秀节目:每天晚上参加节目的嘉宾在自己的家中招待其他嘉宾,客人根据主人的厨艺和娱乐氛围给出分数。四五天过后,每位嘉宾都去过彼此家中吃了饭,比赛得出了最后的评分。优胜者获得1 000英镑现金奖励。

作为一个心理学家,观看节目中人们的交流互动和他们的行为,我感到很有趣。每一集都显得乱嘈嘈的:攀谈、笑声和评论声,包括对主人家和食物的评论。这个节目说明了一个事实:当你把一群人放在一起时,他们会不由自主要竞争,要分享想法,要提出意见。人类的社会性是先天预设的,这是人的本性。

我们喜欢和人聊天的一部分原因是为了帮助自己建立身份认同。我们对别人说的话能够帮助证实我们的观点,然后和别人对我们说的话结合在一起,就能在我们的内心建立起自己的形象。社交正是帮

07
消费是一项社交活动

助我们觉得"完整"的东西,它也给予我们一种归属感,无论是对于现实群体还是某种从属关系。因此,社交有助于建立自尊。社交也有社会功能,确保我们相处融洽,确保群体发挥作用,并确保我们可以获得全面成功。事实上,没有社交能力和一起相处的能力,我们就无法繁衍和养育下一代。社交活动在我们的大脑中留下了不可磨灭的印记。

因此,Facebook 能有今天这一番图景也就不足为奇了。半数互联网用户都在使用 Facebook,每天活跃用户量超过 6.5 亿。平均下来,每位用户每天使用 Facebook 达 22 分钟,远远超过其他任何一个网站。而总体来看,社交网络占所有互联网活动的 27%,它是我们对社会化的欲望和需求的一种拓展,也是社会化对我们的固有吸引力的延伸。

社交网络对于零售商有着重要意义,因为这是现在人们使用互联网最常见的方式,社交网站为其他网站的运作模式设定了用户期望。如果你的网店不是以社交方式运作,比如允许消费者分享他们的购物信息,利用他们想要被爱的欲望,那么你就不能提供消费者想要的东西。这种失落心理可能导致你失去生意。

> **CLICK.OLOGY**
> 社交网站为其他网站的运作模式设定了用户期望。

分享,消费者的天性

你可能认为社交是天性而分享不是。毕竟,正如美国心理学家马斯洛的需求层次理论所描述的,如果我们分享东西,就会减少我们获胜和自我实现的机会。然而,分享是我们大脑的一个基本要素。在人类进化的过程中,食物供应匮乏,分享有助于平均分配可用资源,提高群体的存活概率。分享也可以防止一个群体占据主导地位,这是进一步生存的基本要素。针对灵长类动物的研究显示,分享是导致性行为的途径之一。因此,分享是许多物种的自然行为。

2011年,《纽约时报》的消费者洞察分析团队开展了一项开拓性研究。一位参与者透露,分享的概念对她来说并不新鲜:她和朋友们分享各自购买的物品已经多年了,一般是在吃晚餐或喝咖啡期间。[1]研究发现,人们喜欢分享,因为:

◎ 这能让他们感到更多地融入到周围的世界。
◎ 这能让他们感到受到了重视。
◎ 这能帮助他们保持社会联系,否则会失去这些联系。
◎ 这能使他们表现出对特定东西的支持。

这些研究人员声称已经确定了六种在线分享者类型,包括只为帮助别人的分享者,以及主要是为了提升事业或挑起讨论的分享者。不过在现实中,人们更有可能会根据不同情况采用不同的分享方式。对于零售商,重要的是要知道应该提供消费者想要分享的东西。

07
消费是一项社交活动

《纽约时报》的研究得出了一个特别重要的发现：人们分享得最多的东西帮助他们建立起彼此的联系。只是说"我刚刚买了这个"并没有价值，除非让"我买了这个"出现在你朋友 Facebook 的时间轴上，这样才能让你和其他人产生联系。否则，就是吹嘘。

> **一键下单 TIP**
>
> 鼓励消费者分享他们的购物信息，这将有助于他们对你产生良好的印象，以及提升对你的店铺的认识。

分享值得考虑的另一个方面是新颖性。人类还有一种非常重要的本能，从我们进化之初就出现在了我们的大脑中。我们的注意力似乎时刻准备着迅速抓取新奇的事物。相比陈旧的事物，我们更喜欢新鲜事物，因为在人类发展初期，我们就认识到新鲜的食物比陈旧、腐烂的食物更有利于生存。我们将注意力放在新事物上，就是因为它提高了生存概率。因此，人们更喜欢分享新的、不同寻常的东西。如果有网店可以向消费者提供有趣的产品，让他们分享，那就太好了。

分享还有一个因素是个性化，个性化是对分享者而言的，不是对接受者。个性化也是一种情绪唤醒。当我们的情感和真正的朋友联系在一起时，我们倾向于尽情分享。我们也会在其他情绪被触发时分享，比如快乐、悲伤、愤怒，乃至性欲。引起最大程度的分享的一种情绪是幽默，例如，YouTube 上的搞笑视频就排在分享最多的榜单中。

在单独讨论社交网站前,先介绍几条让消费者分享你的网店的原则:

◎ 网店内容要能激发消费者的情感——消费者通常分享让自己感到高兴的事情。
◎ 网店内容应追求新颖、与众不同——消费者对老调重弹不感兴趣,必须有新颖别致之处。
◎ 网店内容要能帮助消费者与朋友联系——如果消费者分享的对象是朋友,而不是整个世界,分享通常能引起他们的兴趣。

当你满足了这三个条件后,消费者的分享本能就会显露出来,你的网店将获得更多的口碑。

一键下单 TIP

可以考虑嵌入易于使用的共享软件,比如 justbought.it,让消费者分享他们在你的网站上的购物经历。

在 Facebook 上与消费者交流

不可否认,Facebook 是一种现象。人们在 Facebook 上花的时间平均比在其他任何网站上多很多,甚至出现了一种"Facebook 网瘾"的心理疾病。然而,除了显而易见的聊天功能和与朋友联系之外,Facebook 还有很多对消费者非常有利的功能。

07
消费是一项社交活动

　　许多商家或品牌都拥有 Facebook 账号，消费者可以访问这些账号了解商家的最新信息或新闻。他们可以看到活动的照片，留下支持信息，这能帮助消费者建立身份认同，让他们感受到自己是"圈子"的一部分。但关键问题是，如果消费者对页面只有少量的贡献或者得不到回应，就会感到孤立。因此，拥有 Facebook 账号的在线零售商要确保定期进行内容更新，并且要发起讨论，消费者发表言论后要进行回应。否则，消费者会感觉被忽视，与零售商形成一种负面的联系。

　　美国百货公司塔吉特（Target）就是一家善于利用 Facebook 的公司。它经常会发起讨论，与消费者进行交流，并明确将网站用作参与的工具。此外，塔吉特还定期举办促销活动，向给它点赞的用户提供折扣和特别优惠。这利用了一个重要的心理因素，让用户感觉自己像 VIP，与其他在塔吉特购物但没有在 Facebook 上关注它的人区别开来。

　　为了使消费者能够与他们的朋友分享购物信息，零售商应该在网站上添加自己的 Facebook 账号、电子邮件收据以及"订单完成"页面的链接，以便消费者能够立即分享他们购买的东西。

一键下单 TIP

使用 Facebook 与消费者交流，至少每天都要发布新内容，并经常回复消费者。

在 Twitter 上监控投诉

如果你通过监测 Facebook 与消费者交流，那么也一定要监测 Twitter。这样做的主要原因是为了应对人们可能在 Twitter 上的"吐槽"。Twitter 是心怀不满的人们一吐为快的绝佳工具。

当然，人们总是抱怨不断。第一项调查这个原因的研究出自佛罗里达大学，那是在 Twitter 问世的前几年。[2] 该研究发现，人们大多希望从所属社会群体得到的反馈是，他们的抱怨是有道理的。换句话说，大多数人这样做不是为了任何赔偿，而是确认自己始终是对的。

所以，Twitter 是一个非常受欢迎的投诉商家和客户体验的场所。在 Twitter 上，花上几秒钟打 140 个字符，抱怨一番，片刻之后，就会有几位应和者说，"我同意""非常好"，或其他肯定我们观点的表述。

零售商的问题在于 Twitter 能轻易激起一股消极的浪潮。英国时装店 Celeb Boutique 就在 Twitter 上遭到了多次控诉，深陷公关危机。这家公司销售了一款名为"Aurora"的礼服，2012 年 7 月 20 日，它发现"Aurora"成了 Twitter 上的热门，这意味着有上万人在推文中提到了这个词。于是，该公司在自己的官方账号上写道：

#Aurora# 成了热门话题，显然是受金·卡戴珊的激发 #Aurora 礼服 #

问题是，这家公司没有调查为什么"Aurora"这个词在 Twitter 上成了热门。实际上,是科罗拉多州一家叫 Aurora 的电影院发生了骇人听闻的枪击事件。之后,人们很快来到 Celeb Boutique 的 Twitter 账号下面留言控诉,甚至有人在 Facebook 上建立专门页面来抵制这家公司。虽然 Celeb Boutique 作出回应称对 Aurora 发生的枪击事件并不知情,但删除那些具有攻击性的评论花费了一个小时,让人们有时间发布更多的恶评。

如果这个例子算是无心之失,那么下面的例子就相当值得怀疑了。2012 年 10 月,飓风"桑迪"登陆美国东海岸,造成大范围的破坏。但是,尽管"桑迪"造成了非常严重的损失和大量人员丧生,时装店 GAP 却发出这样一条推文:

所有受#桑迪#影响的人们,注意安全!今天,我们在 Gap.com 上处理了大量订单,你们呢?

同样,时装品牌 Kenneth Cole 在 2011 年埃及发生暴动期间发出了以下推文:

数百万人在#开罗#闹得沸沸扬扬,据传是因为他们听说我们的春季新款系列已经发布到网上了。

这些在 Twitter 上引起了轩然大波。此类事件给零售商提供了一些教训:首先,如果人们要投诉,他们就会迅速发布在 Twitter 上;其次,一旦遭到投诉,就要以同样迅速的动作处理问题,防止进一步的投诉和整个事情失控。这意味着零售商需要不断监控 Twitter 上的动态。正如

美国网络营销专家大卫·米尔曼·斯科特（David Meerman Scott）在《实时营销与公关》（*Real-time Marketing and PR*）一书中提到的，社交媒体如 Twitter 只是我们使用的工具，我们真正需要改变的是我们的心态，我们要保持"实时"运作。[3]

人们通过 Twitter 投诉，是受到了其他 Twitter 用户和相关事件报道的鼓动，因此其中存在一定程度的沉默的螺旋效应。不过，如果你能迅速做出回应，你的企业就可以获益。记住，即使你的公司没有 Twitter 账号，人们仍然可以使用你公司的名字或在名字前加"#"发表评论。"#"是 Twitter 关键字的标签，能让关键字更易于查找。

英国 O2 电信公司就是一个很好的例子。2012 年 7 月，这家公司发生了一次严重的网络中断。结果，Twitter 上出现了数千条关于此消息的负面推文，估计相关用户达到了 170 万人。然而，这家公司的回应转变了 Twitter 用户的情绪，给人们制造了许多笑料。例如，一条推文抱怨说，需要前往意大利才能收到信号。O2 的回复是："现在你可以回来了，我们已经恢复正常运营了。"这一回答没有使用官腔，而是像朋友间的打趣，对平息持续两天的信号中断所带来的负面影响有很大帮助。

> **一键下单 TIP**
>
> 为了确保能够实时监控 Twitter 上出现的投诉，你应该使用 Twitter 管理工具，如 HootSuite。

然而，Twitter 可能难以用于公开的营销。人们警惕广告推销一类的推文，即时是他们喜欢的公司也是如此。这是因为一些网络营销人员曾肆无忌惮地使用 Twitter 发布看似有趣的推文，但是点击链接后，就出现了某些"立即购买"的销售页面，这出乎用户的意料，也让他们感到不愉快。在 Twitter 上，人们处于交流模式，而不是购买模式。因此，纯粹用于促销的推文没有什么价值。

Twitter 会让抱怨广为传播，这种潜力所带来的一个必然结果就是破坏信任。正如我们将在第 8 章看到的，在网上，信任至关重要。如果你的客户不信任你，那么你不妨放弃。

信任的心理学是复杂的，但我听到过的最清楚的解释是在新加坡的一次会议上。当时和我一同演讲的人中有来自纽约哥伦比亚大学的文森特·卡维罗博士（Vincent Covello），他对危机中信任和信誉是如何传达的有十分专业的理解。他的研究揭开了传达信任的一个基本组成部分：表明你关心对方。他的陈述非常引人入胜，我后来回顾时发现，他本身就已经展示了自己对会议听众的深切关心。真正是说到做到。

所以，你越关心消费者，他们就越信任你。优秀的客户服务远远不止让人们为你说好话：它有助于让人们信任你。然而，信任是一种非常脆弱的心理。你只要犯一个错误，这种纽带就会断裂。因此，任何不关心消费者的表现都可能削弱信任——而这种表现可以通过 Twitter 得到传播。

不妨举个例子。2011 年，我带着当时 11 岁的儿子和他外祖父一起乘大巴旅行。指定的大巴停靠点位于高速公路上的一个服务点，离我家

不远。当时大约是星期六下午5点,我的岳父走下车,感到饿了,儿子也一样,所以我们走进服务点打算吃点儿东西。尽管当时人很多,但是餐厅里只有一位工作人员在上班。他不仅要上菜,还要倒饮料、结账和清理桌子。当我们排队等候时,我对服务怠慢感到有些郁闷,同时还注意到餐厅经理站在一旁,眼睁睁地看着自己的手下忙个不停。

我问经理:"你能为我们服务吗?"

他转向我,一脸不屑,"哼"了一声,然后径直穿过一道写着"仅限工作人员"的门走了。他不仅没有解决问题,而且也不愿意帮忙,更别提对消费者关心了。就好像为我们服务是在贬低他的身份。

我拿出手机,登录Twitter,发推文点名批评这家餐馆。我的推文很快被转发,阅读次数达到10万。我对该餐馆的信任被破坏,因为它不关心我和我的家人,但是现在我已经把这种不信任扩散给了许多其他人,他们很可能在选择该餐馆时会考虑一下。

在Pinterest上展示产品

Pinterest是成名最快的一家社交网络公司。测试了三年左右,在2012年8月正式上线。然而,即使是在beta测试阶段,它的发展也很迅速,以比其他任何网站都要快的速度达到了1 000万用户量。如今,它拥有约7 000万用户。

Facebook和Twitter都有一个重要的文本元素,但Pinterest不同,它完全是一个图片分享平台。图片可以是你自己拍摄的照片，也可以是你在网上看到的、抓取的、喜欢并想要分享的图片。这种分享让用户获得了自我身份认同，而对于零售商则是一个巨大的机会。

零售商借助 Pinterest 更容易达到宣传的目的。将所售商品的图片"钉"在钉板上，可以将价格信息植入图片下方。这意味着人们更容易识别推销图片，如果有人处于购买模式，并且为产品图片所吸引，他们在点击该图片时，就不会出现负面反应。

Ana White 网店面向"家的建造者"销售产品。它在 Facebook 上拥有超过 197 000 个粉丝，但是它的头号推荐来源是 Pinterest。该网店销售的是高度可视化的物品，如家具和家居设计方案，这些都与网站完全可视化的性质相契合。

> **一键下单 TIP**
>
> 如果你的产品是视觉产品，就在 Pinterest 上展示出来，增加你的网店流量。

在 Google+ 上分享专业知识

Google+ 面向的用户是怪才，尤其是与 Facebook 这样的社交网络相比，这一点就更加突出了。2013 年年初，Google+ 只有大约 Facebook 20% 的用户量。根据一项针对世界互联网零售商 500 强的分析，其中

473家公司自豪地展示自己在Facebook上的获赞数,而只有128家提及在Google+上的账号。[4]

不过,这家网站确实有值得零售商考虑的一些优秀功能。一个是Google Hangout,它提供免费的流媒体视频直播,并自动上传到YouTube(当然,也是谷歌这个庞然大物的子公司)。这意味着零售商可以将店铺展示免费上传到YouTube上供人浏览,这个视频还可以用于进一步的营销。

同样,Google+"圈"的概念可用于创建客户VIP分组,为客户提供产品或促销活动的独家消息。这能利用到排他性的社会心理,增强消费者与公司的联系。

问题是少有零售商使用Google+,而且使用Google+的零售商似乎注重的是它在内部通信上的使用,而不是与客户的联系。例如,澳大利亚的Dick Smith技术连锁店已经开始使用Google+在4 500名员工之间分享最佳实践。当然,这是一种很好的想法,但Google+能为零售商呈现更多的选择。

尤其有一点是对Dick Smith想法的延伸:分享专业知识。当涉及高价值的商品,消费者希望他们是从真正懂行的公司购买的。Google Hangout这样的功能就为零售商提供了这样做的绝佳机会。

打造社交媒体,更要制定社交媒体战略

无论你使用Google+、Pinterest、Twitter,还是Facebook,有一点

是可以肯定的——你需要知道你将如何使用这些社交网络。我拜访客户时，就会问他们使用社交网络的目的，几乎所有人给出的答案都是："不太确定，我想营销居多。"换句话说，我遇到的企业很少有实质的社交媒体计划或与之相关的任何战略思想。简单地注册每一家社交网络，创建一个用户档案，然后希望这样就能让更多的人认识你的企业和产品，结果可能相反：消费者和工作人员都会感到困惑。

想象一下，你经营了一家实体店，所有员工都集中在此，他们要做所有的事情：向消费者销售商品，处理投诉和客户服务问题，摆放货架，办理退货，为快递商品打包，以及接听电话。事实上，这样一个实体店肯定会出现一片混乱。相反，你需要建立一个系统，合理安排工作人员，明确他们的工作任务。同样，该系统也能让消费者清楚地了解，他们要去哪里购买商品或退货。然而，在社交媒体的世界里，许多零售商在每个社交网络上都设置了所有板块。例如，他们在 Twitter 上同时提供客户服务、销售和员工交流，这样不仅降低了清晰度，而且带来了不必要的复杂性。

采取一种战略方针，为使用社交网络制定明确的目的，就能更好地管理员工，让消费者使用更方便。例如，美国捷蓝航空公司（JetBlue）使用 Twitter 快速发布信息，使用 Facebook 进行推广。该公司能让消费者清楚地知道使用哪种工具能达到特定目的，而当员工需要沟通时，他们也明白自己需要采用哪种方法。

CLICK.OLOGY
如何让顾客一键下单

尽管社交媒体可以让网店从多方面受益，但是零售商必须有战略方针，明确目的和各个社交网络的用途。

1. 人们想要谈论和分享从网店中购买的商品。确保你能通过社交插件为他们提供这样做的机会。
2. 使用社交媒体需要规划和实时监测，这意味着你可能需要雇用新员工和采取不同的工作方法。
3. Facebook 能让消费者与你的品牌建立联系，但这意味着你也必须跟这些人互动。
4. 实时监测 Twitter，并对负面评论迅速做出反应，防止它们被广泛传播。
5. Pinterest 可以用来做推广，吸引潜在消费者。
6. Google+ 能为零售商提供多种潜在好处，尤其是向搜索信息的消费者展示你的专业知识。

what works in online shopping and
how your business can use consumer psychology to succeed

08

信任感从何而来

▼

CLICK.OLOGY

what works in online shopping and how your business can use consumer psychology to succeed

什么样的人都可以开网店，这不免让人们网购时忧心忡忡。有的店看上去很假，那绝对就是名副其实的假店。

2009年，一家网店谎称有新发行的任天堂Wii Fit。直到消费者发现他们并没有准时收到货，才大呼上当。假店越发猖狂，2012年，丹麦电子商务创始人CEO拉尔斯·施密特·拉森（Lars Schmidt Larsen）不得不发表声明，警告消费者提防三种已查明的假店。

英国贸易标准机构的数据显示，在全球范围内，单是假奢侈品网站每年就会吸引12 000万消费者，高仿商品成交额高达820亿英镑。如今每年举行世界打假日，宗旨就是曝光假店。因此，现在消费者网购时要确认网店是不是假店。

利用眼球追踪技术的一项研究表明，人们会在网页右端寻找有没有电话号码。如果消费者发现商家欢迎致电，则判断这是一家正品店。研究也指出，消费者会一直下拉网页到底，并停留一段时间。这表明消费者在寻找可以联系到商家的实体地址或者可点击的电子邮件地址。

然而，许多正规商家没有标明实体地址和联系方式：这些看似不起眼的细节，却极为重要，因为这可以增加商家的信誉度，如果网店每页的顶端和底端都标有联系方式，而不仅限于首页和联系方式页面，那么会更有说服力。

> **CLICK.OLOGY**
> 许多国家的法律都规定，注册的企业需在每个网页上标明详细联系方式。

相信他人所信任的

人们通过各种标识判断出网店是正品店时，也想知道别人是否也这样认为。

只要前往西班牙的兰萨罗特岛度假，就可以看到这样的情景也在现实生活中上演着。作为一个旅游胜地，滨海区有几十家不同的餐馆。在外游玩一天之后，夜幕降临，游客们也纷纷梳洗打扮，准备找个好地方享受晚餐。他们在餐厅外左看看，右瞧瞧，在门口浏览一下菜单，在进门前悄悄瞟一眼里面。这些人到底在找什么？他们是想知道餐馆里的顾客多不多。如果餐馆人气不足，就说明食物不受欢迎，因此也就没有人愿意带头去试一试。他们想确认的是"社会认同"，以证明这家餐馆值得一去。还有一些人拿出手机刷一下TripAdvisor这样的旅游攻略网，以寻找其他能够证明这家餐馆值得一去的证据。

同样的道理，人们在网购时也不希望成为第一个吃螃蟹的人。当然抢购另当别论，比如人们都争先恐后地想买到新发行的智能手机。而在其他情况下，人们只会买有成交记录的商品。在实体店，消费者的潜意识也是如此，总想看看别人在买什么。无论是在线上还是线下，社交媒体都可以在我们选购时给予帮助。然而，在"抢购"模式下，消费者不会询问朋友的意见。他们想要立刻看到社会认同，以表明他们打算购买的商品物有所值。

星级评定和客户评价都表明第三方认为商品物有所值，因此至关重要。然而，要如何展示这些评价需要花费一番心思。澳大利亚墨尔本大学进行的一项研究中，[1] 研究人员分别给受试者两组虚构的咖啡品牌信息，其中一组为正面评价，一组为负面评价。受试者也分为两组。随后，在其中一组受试者读详细信息时，告诉他们两组评论弄反了，而不告诉另一组受试者。最后，研究人员让受试者给出咖啡的品牌等级。结果表明，第一组受试者给出的评级仍然很高。换言之，最初的印象没有消去——人们对品牌的第一印象会左右他们的判断，即便随后知道这个信息不属实。

这给在线零售商的启示就是，一定要置顶最佳评论。如果网店并非仅仅按时间顺序列出客户评价，而是把最好的评价置顶，就会带动销量。

> **一键下单 TIP**
>
> 把最好的星级评定和客户评价列入网站页面。这有助于引导消费者远离评论中心,因为在那里,你无法改变评论顺序。

评论不一定是真实的

任何作家都希望自己的作品获得赞美。我也不例外,我真的希望你们可以登录亚马逊网站,找到《让顾客一键下单》的页面,发表一个五星好评……对此,在下感激不尽。与此同时,我也很清楚,我与其他作家的作品可能选材相同。他们可能不想与我公平竞争,所以有可能去亚马逊网站诋毁我的作品,有可能一颗星都不给,或者勉为其难给个一两颗。他们打着如意算盘,希望这样可以拉低我的平均星级,让书的销量大减。

特别是一些不讲道德的商家认为,诋毁竞争者可以从中牟利,因此网上虚假评论、刷星级越发猖狂。亚马逊也确实想杜绝差评师的虚假评论,但效果不尽如人意。时至今日,许多在线零售商还在饱受其商品遭受诋毁之苦。

用户注册在一定情况下可以防止此类问题发生,但是注册步骤又不能太过复杂,不然就会丧失诚信消费者的评论,而这恰恰是你所需的。

另外,聘人代写评论这一现象也越发严重。现在,许多大品牌会聘请知名博主和网络红人为它们写好评。高德纳公司的分析显示，2014年间，高达 15% 的网络评论都是有报酬的。

即便如此，人们还是喜欢看评论。旅游新闻网 Tnooz 宣称，虽然 95% 的游客认为评论不可信，但是 53% 的游客表示他们不会预订没有任何评论的酒店。尽管人们不相信评论，知道评论可信度不高，但还是会忍不住看看。对在线零售商而言，请坦然接受差评和虚假评级这些现象吧，总比什么都没有来得强。社会认同会在人们潜意识中发挥作用，因此人们只会对评价有个整体印象，鲜少有人会逐条看完。

信任是一种直觉

尽管我们的大脑中做出决定的思路非常复杂，但是通过脑部扫描仪可得知，"直觉"扮演着非常重要的角色。大脑的情感区域获得信息的速度快于思考区域。在意识层面的大脑抓住第一个暗示之前，情感区域已经把发现的信息传达给潜意识层面了。

马里乌斯·乌谢尔（Marius Usher）教授在特拉维夫大学做了一个巧妙的实验，[2] 证明了以上观点。他招募来一些志愿者，让他们通过电脑屏幕看一对一对快速闪过的数字，然后计算所有数字的总和。实际上，这些数字都是一闪而过，根本没有机会依次计算：唯一的办法就是靠猜。志愿者看的数字越多，他们的猜想也越准确。这项研究表明，当人们可以利用大量数据时，就很善于利用直觉做出评估。

这就是为什么直觉在网购时作用颇大。消费者登录网站后，会接触到大量复杂信息。他们想知道，网店是否是正品店，是否有社会认同，能不能找到联系方式。与此同时，他们还要根据自身情况判断商品是否是为他们"量身定做"——而这些都发生在他们看评论之前。消费者开始处理这些新信息时，直觉已经发挥作用，帮助他们判断值不值得再浏览下去。

在线零售商可以从中得到启发：如果网站不把"直觉激发盒"放在显眼处，那么消费者会很快点击鼠标转到其他页面。对网店产生信任不只是依靠标识和安全性，而是依靠网页整体效果。那么，商家在设计网站时应该如何学以致用呢？

当然，你肯定希望网站看起来赏心悦目。注重美感固然重要，但注重设计给人带来的印象更为重要。例如，如果你要销售一款经过特别设计、售价为几千英镑的手表，那么你的网站设计应该与之呼应。如果你在这个精心设计的网页上销售 10 英镑的廉价手表，消费者心理上会认为网页设计与商品价值不符，这就是人们所说的认知失调。网页设计若符合消费者预想，他们就会本能地知道这个网站不会错，从而会产生信任感。如果你开了一家两元店，那么你的网店商品看上去就应该为两元的商品，否则人们会认为这个网站是"钓鱼网站"，或者感觉不对劲。网站设计是向潜意识传送信任感的重要因素。

CLICK.OLOGY
如何让顾客一键下单

　　如果人们不信任你的网店，那么即使是再精明的营销手段和销售模式，消费者也不会掏腰包。因此，你必须激发消费者对你的信任，而万幸，这并不难实现。

1. 在每页标注地址、电话和电子邮件地址。
2. 运用评价和评级展示社会认同。
3. 坦然面对虚假评论，但是要尽量避免。
4. 把最佳评论置顶。
5. 确保网站看上去专业，确保网站上呈现的信息是最新的且无纰漏，因为这些都会影响到消费者的直观感受。
6. 确保网站的外观和设计风格与所销售的商品相得益彰。

what works in online shopping and
how your business can use consumer psychology to succeed

09

所有骗局都会被揭穿

▼

CLICK.OLOGY

what works in online shopping and how your business can use consumer psychology to succeed

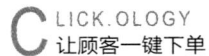

  我最珍贵的财产之一是美国优质制笔企业 Cross 生产的一支金色的世纪经典圆珠笔。圆珠笔的一侧刻了我名字的首字母。它是歌手布莱恩·费瑞（Bryan Ferry）1979 年送给我的礼物。当时，我在宝丽多唱片公司（Polydor Records）担任文宣，除此之外，还负责管理洛克西乐队（Roxy Music）①的账户，以及其他一些工作。那一年，我帮助推广了《天使的眼睛》（*Angel Eyes*）这首歌，让它成了当年排名第 49 位的畅销单曲。尽管我真心感谢布莱恩·费瑞送我这支笔，并且至今仍然珍爱着它，但我知道这份礼物并非凭空赠予我的，他送我这支笔是为了答谢我为他所做的大量工作。

  你很少会收到一份完全免费的礼物——没有附加条件，也不是对某件事情的报答。然而，许多网店恰恰想让人们产生相反的想法。他们希望消费者认为自己捡到了便宜，或者如果现在购买，就将获得大量赠品。

---

① 布莱恩·费瑞是洛克西乐队的主唱。——译者注

很多所谓的网络营销专家会告诉你，你必须推出赠品来帮助提升主打商品的销量。史蒂夫·萨勒诺（Steve Salerno）在《骗局》（*SHAM*）一书中披露了自助产业的世界，他指出某网站将《你该走还是该留？》（*Should You Stay or Should You Go?*）一书与不下 7 个赠品捆绑销售。[1] 这种现象十分常见，事实上，你在网上四处查看一番，就会发现仿佛商家之间存在着某种比赛，他们要看看到底能在一个销售页面上塞进多少赠品。

这种附带赠品的销售行为背后的原理是，人们会想："哇，非常超值！我只付了一件商品的钱，却免费拿到了这所有的东西。"这个理论很好，但事实并非如此。选择心理方面的研究表明，赠品实际上会对网店产生不利影响。在纽约石溪大学进行的一项研究中，市场营销学教授迈克尔·卡明斯（Michael Kamins）发现，赠品会让产品在人们心中的价值打折扣。[2] "买这件商品，就可以免费得到这所有的物品"，这是人们为商品附带赠品的思想基础，但事实上，附带赠品并不会让人们有得了什么好处的感觉。

例如，假设你出售培训课程，然后附赠估值为 150 英镑的书籍，那么如果有人不打算买培训课程，却很想要这本书，他也不会愿意出 150 英镑来购买这本书。因为当你把这本价值 150 英镑的书作为赠品附送的时候，就已经让它贬值了。而且，充当过赠品的商品无法再以其原先定价单独出售，因为消费者在心理上已经认为它们不再值这么多钱，也就是说，"如果你打算把这些商品作为赠品附送的话，就要意识到它们已经贬值了，不再值你所说的价钱了"。

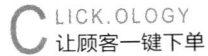

这表明，线下超市很喜欢采用的"买一赠一"活动从长远来说会对利润率造成不利影响。对于解决短期现金流来说，这是一种很好的方式，但是一旦促销结束，消费者不会再为捆绑销售中的单个商品支付同样的价格，因为在他们心中，这个充当过赠品的商品已经贬值了——这种情况同样适用于网上销售。如果你出售一个产品的同时提供赠品，就会对赠品的未来销售造成影响，让其贬值。同时，赠品的存在也会让品牌形象受损，并影响到你试图出售的一切商品。对于摇摆不定的消费者，可能确实可以用赠品促成一桩买卖，从而提升营业收入，但是你也要关注利润率，而发放赠品恰恰会损害到利润率。

许多网站都在提供"赠品"，它们可能觉得自己是在遵循"礼尚往来"原则，也就是当有人为你做了事情，你会觉得有所亏欠，因此总想为他们也做一些事情，以报答他们。事实上，报恩只适用于人与人之间，在匿名化的网络空间里，人们不追求礼尚往来。

一键下单 TIP

为了不对你的品牌、产品和网店造成不利影响，不要提供赠品。虽然提供赠品可能会为你带来短期收益，但是从长远角度来说，提供赠品会造成不利影响。

不好意思，你没得奖

弗兰克·弗内斯（Frank Furness）是一名永不停歇的销售大师，你可以在世界各地的销售和营销活动上看到他的身影，看到他在告诉人们，如何销售以及如何在网上营销产品。弗内斯自己也在销售十几种产品，包括DVD、书籍和软件。在每次演讲结束后，人们都会排着队从他那里购买商品。

弗内斯告诉我，他有一个最喜欢的技巧，可以帮助他拿到更多的订单。他在每一次演讲的时候，会问一个问题，也就是说，听众中有一人要举手回答这个问题。这时，弗内斯会说第一个举手回答问题的人可以得到一件奖品，一本他的书或者一张他的DVD。事实上，在一间满满当当坐了几百人的房子里，他根本没法真正看清楚是谁第一个举手的，所以每次他都会选择在后排举手的一个人获得他的奖品，然后他会走下舞台，把奖品交给前排的某个人，并对他说："能不能麻烦你把这个奖品递给后面的那位女士？"于是，他送出去的这本书要经过几十个人的手才会到达那名获奖者手上，而帮忙传递这本书的人也就有机会近距离接触这本书，因此也会对这本书产生一种亲近感，也就在演讲结束后，更热衷于购买这本书。

然而，很少有奖品具备这样的价值，尤其是在网上。许多非常恶劣的互联网诈骗会提示你说，你中奖了，而你要做的就是"点击这里"得到它，或输入你的电子邮件地址，然后奖品就归你了——干得好！这些骗局造成的最坏结果是，它们会在你的计算机上安装软件来收集你的个人信息，或使你的计算机感染上病毒，并把你的计算机作为一个更大的黑客计划的一部分。很显然，这种试图引诱你得奖的方式是非法的。然

而,尽管如此,你会发现一些合法网站也在使用同样的方法来获得更多人的电子邮件地址。事实上,作为零售商,你也可以找到一些网站,它们会告诉你收集邮件地址的好方法。不要相信它们!只有消费者心甘情愿给的邮件地址才是值得拥有的,他们之所以会提供邮件地址,就是因为他们喜欢你提供的产品。

此外,有研究表明,给予奖励对于公司来说并无好处。位于俄亥俄州的凯斯西储大学研究了人们在一场赌局当中,意外地取得胜利或不幸失利之后的表现。研究人员发现,无论是输是赢,之后的短时期内,这些参与到这场赌局当中的人的冒险行为(在这里说的是赌博)会减少。[3] 显然,这对于想从事在线销售的人们来说是有启发意义的,因为购买往往也是一个冒险行为——人们用自己的金钱冒险,假定自己购买的物品会在某方面帮到自己。换句话说,提供赠品至少会在短期内降低你的销售潜力。

> **一键下单 TIP**
>
> 只有当赠送礼品和销售商品之间有一个合理的时间差,才赠送礼品。否则,赠送礼品不利于商品销售。

没有人真心想帮你

和"你中奖了"的骗局相类似的就是,"我们可以帮助你"。一个典型的例子就是,当你访问一个网页的时候,突然弹出来一个窗口,上面写着："你的电脑感染了一个危险的病毒,点击这里,我们将为你删除它。"这听起来很合法合理,但完全不是这么一回事。弹出的窗口上可能拥有一些看似正规的标识、名称以及显眼的链接,旨在让你觉得这个窗口可信,但实际上它就是一个骗局,试图吓唬你去购买某种特定类型的软件。

骗子认为他们利用的心理效应是对权威的服从。美国心理学家斯坦利·米尔格拉姆(Stanley Milgram)在20世纪60年代进行的实验表明,当人们面对权威时,往往会按照被告知的方式做事情,即使他们平常不会同意这样做事情。米尔格拉姆精心设置了一个测试,让受试者们认为他们正在对另一名受试者进行电击,其中65%的受试者看似很高兴地将电压转动到了高达450伏。事实上,接受"电击"的人是由实验人员假扮的,而他并没有真的受到电击,但研究表明,由于受试者们认为让他们进行电击的人是权威人士,所以他们听话地进行了电击。[4]

这个经典的研究经常被不法商家用来将网站做成权威的样子,他们的想法是如果网站看上去很权威,人们就会按照网站的指示去做事情。提示用户的计算机感染了病毒的弹出窗口就是采用了这种方法。弹出窗口就是内置于主浏览器页面之上的小窗口,经常用于打广告,但这种特殊的弹出窗口有一个更险恶的目的。这些骗人的弹出窗口会设法表现出权威和官方的样子,让用户更容易轻信窗口上传达的信息。有些窗口甚至宣称它们来自联邦调查局(FBI),并在窗口上显示反病毒软件的公司标识，[5] 它们声称你的电脑已被锁定，你必须支付罚款（见图 9-1）。这种骗局造成的结果是，越来越多肆无忌惮的公司试图利用服从权威的心理欺骗我们，我们也越来越怀疑这种权威的真实存在，因为我们已经有越来越多的经验能够识破这一切都是骗局。

图 9-1　钓鱼网站截图

图片来源：http://www.bleepingcomputer.com/virus-removal/remove-fbi-anti-piracy-warning-ransomware。

根据北卡罗莱纳州立大学的一项研究，2008 年的时候情况全然不同：人们完全无法很好地辨识诈骗信息。[6] 然而，2011 年佛罗里达科技学院的一项研究表明，人们对弹出消息越来越不耐烦，也更清楚它的本质了。[7] 事实上，现在的 Web 浏览器已经将内置弹出窗口拦截软件作为标配。对有良心的商家来说，结果就是因为不法商家的这些让人恼怒的行为，合法的弹出窗口广告已经没有过去那么有价值了。

> **一键下单 TIP**
>
> 避免在你的网站上使用弹出窗口，总的来说，它会降低消费者对你的产品的期待，从而减少你的销售潜力。

榨取只会让你遭受重创

弹出窗口最常见的用途是"榨取"。榨取页面（squeeze page），即准客户收集页面，它是一个网页，用户没法退出该网页，除非关闭窗口或在网站上输入自己的电子邮件地址。整个页面上没有链接，没有主页按钮，也没有导航。用户能做的就是将信息填入框内，以获得更多的信息。一旦这样做了，用户就会被带到首页或其他页面，在这里用户可以下载免费的东西，因为已经注册了该网站。这一切就是为了榨取用户的信息，一旦用户将名字输入这些条框中，就会被淹没在建议购买各种商品的电子邮件中，通常是一些相关链接的网页上的产品。

这些网页背后的原理是，如果产生了足够的流量，然后发送数百封电子邮件给那些注册了的倒霉用户，最终总会有足够多的用户购买该网站上的产品，网站就可以赚个钵满盆满。对一些商家来说，这种方法可能会奏效，但是对于大多数想尝试这样做的商家来说，这种方法失败的概率非常大。

让我们用数据来说话，准客户收集页面在互联网上的平均转化率为2%。这意味着进入一个准客户收集页面的用户当中，只有2%可能会注册。一旦你开始给这些注册了的倒霉用户发送电子邮件，平均有2%的用户会点击你的电子邮件中的链接，而点击的当中又有平均2%的人可能会购买链接网页上的商品。所以，如果你通过准客户收集页面设法收集到了2 500个用户的邮件地址，其中只有50个用户会点击你发送的链接，而这50个用户中又只会有一个人购买链接网页上的产品。要让原邮件列表上的2 500个用户登录网站并注册信息，你的准客户收集页面将需要125 000个访客——对于单个商品的销售来说，这样的流量是非常惊人的。

此外，一些基本的心理学研究表明，准客户收集页面一开始就不是一个好主意。在20世纪70年代对幼儿园小孩进行的一项研究中，耶鲁大学教授马克·莱佩尔（Mark Lepper）确立了"过度辩护效应"（overjustification effect），即当人们因为某项活动得到奖励的时候，这项活动本身的吸引力也因为奖励行为而下降了。换句话说，如果你通过在准客户收集页面上填入电子邮件地址得到了某种免费的物品，你对这个物品和跳转页面的兴趣就会下降。你为多少免费提供的物品注册过信息，你有多少本免费下载的电子书其实根本没读过？准客户收集页面会让消费者的参与度不升反降。

一键下单 TIP

避免使用准客户收集页面。没有准客户收集页面，你的声誉会得以维持甚至有所提升，而且你可以避免降低客户的参与度。

一口吃不成个胖子

互联网上存在最大的思想误区之一是,一个人能通过开网店瞬间成为一个百万富翁。很多人相信自己能在一个下午茶的工夫就变成百万富翁,而事实上是,网上充斥着很多破碎的梦想。顺便支一招,就是出一本书,告诉你的客户,创建一个能让人们迅速成为百万富翁的网站,售卖"成为百万富翁的秘诀"。这个迅速成为百万富翁的承诺只适用于最开始做这个事情的人,他会卖出数以百万计的书籍,给那些以为无所事事就能够成为百万富翁的倒霉人。

你知道这是不可能的,事实上,你甚至无须思考就"知道"这不可能。大量的心理学研究证实,我们的直觉准确的时候远远多于不准确的时候。如果你的内心觉得某件事情不对,那它十有八九可能就是不对。

2012年,英国埃克塞特大学的研究人员进行了一项针对直觉和经济问题的研究。此项研究表明,即使我们有可能从提供给我们的东西那里获得一些经济利益,有时候我们还是会听从我们的内心来做出最后的决定,而不是凭借大脑。[8] 因此,当你看到一个网站,它说可以让你瞬间成为百万富翁,你可能会想"哎呦,不错",毕竟从逻辑上来说谁不想坐拥百万家财呢,但是你的内心会告诉你忘了这个事情吧,就当没看见。如果你在犹豫是否从一个网站上买东西,相信自己的直觉。这意味着,如果企业过度夸大产品或服务的功效,潜在消费者可能就不会买这些产品或服务,因为他们的直觉告诉他们,这东西好得令人难以置信。

> **一键下单 TIP**
>
> 不要发表无法证实的产品或服务的描述,或过度夸大产品或服务的功效,否则不但消费者不会相信你,还会让你的整个企业都贬值。

嫉妒是一种负面情绪

很多网络营销人员尝试的另一种招数就是告诉你,如果你像他们一样运营自己的网店,也会取得和他们一样的成功。然后,他们开始给你看照片,向你展示他们的新法拉利,他们位于世外桃源般的海岛上的海边别墅,还有他们的劳力士手表。据说这是为了通过激发你的嫉妒心理来刺激你的欲望。不过,这是行不通的。同样地,如果你试图通过展示客户购买你的商品得到了什么,来影响潜在客户的购买行为,这会对你造成不利影响。

挑起人的嫉妒情绪存在的一个问题就是,它会激发应激激素,进而影响思维能力。正如得克萨斯大学的心理学家雅特·马克曼博士(Art Markman)在今日心理学(Psychology Today)网站上所说的:

> 当你感到嫉妒时,好像就无法思考其他事情了。有相当多的研究表明,紧张的情绪会妨碍思维能力。嫉妒和紧张相类似,因为它也是一种负面情绪。[9]

如果你想出售某种商品,最糟糕的事情就是创造负面情绪,而你真正需要的是激发客户的积极情绪。如前文所述，人们常通过内心来衡量该买什么，我们这里所说的内心是指大脑的情感中心。因此，在你的网站上和广告中使用积极的情绪，如幽默，而像嫉妒这样的负面情绪会对你不利。

> **一键下单 TIP**
>
> 幽默是最积极的情绪之一。让你的客户心情愉悦很可能会帮助你增加销量，就如一些搞笑广告是 YouTube 上分享次数最多的视频。

诈骗行不通

很多实施网络诈骗的人好似都以为，他们以这种或那种方式深入到了消费者的大脑中，让消费者更有可能购买他们在网店上出售的商品。然而，要么是他们的行为所依赖的心理学原理已经被扭曲得面目全非了，要么是这些行为根本就没有像这些骗子所想的那样奏效。

网上大量的负面买卖，造成了一种负面的销售环境，甚至讲诚信且守法的商家发现，他们的销量也没有自己想象得好了，因为诈骗和不道德行为的大量存在让消费者对网购的疑虑加重了。

CLICK.OLOGY
如何让顾客一键下单

网上出现了大量骗人的网店,这就会影响到诚信网店的销量,因为消费者会觉得所有网店全部都是一路货色。为了避免和负面销售行为联系起来,你在打造网店时,要最大程度地扩大良好的销售行为的影响。

1. 忽略任何你的内心不看好的销售技巧。
2. 避免使用弹出窗口。
3. 避免提供赠品和只通过准客户收集页面推出商品。
4. 只创建会激发积极情绪的网页和营销资料。

what works in online shopping and
how your business can use consumer psychology to succeed

10

打造完美的线上体验

▼

CLICK.OLOGY

what works in online shopping and how your business can use consumer psychology to succeed

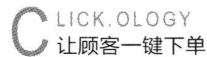

1909年，美国零售商哈里·戈登·塞尔福里奇（Harry Gordon Selfrige）的百货公司在伦敦牛津大街开业，他带领这家公司做了几件其他大型零售商未曾做过的事，允许消费者到店里感受商品，切身体验所购买的商品。塞尔福里奇带来的巨大改变之一就是让商场的入口弥漫着芳香，以吸引女性消费者进店消费。即使到了今天，一走进塞尔福里奇百货公司或者世界各地许多其他百货商场，首先映入眼帘的是香水类柜台，它们散发着大量迷人的香味，让人备感欢欣。塞尔福里奇吸引刚被解放的女性进店消费的方法，经受住了时间的考验，并不只是雕虫小技。

如果你从商场西侧的果园街（Orchard Street）进入，美食馆里正在出售的食物发出的令人垂涎欲滴的香味就会扑鼻而来。从东侧进入，公爵街（Duke Street）的各个店铺要么充满令人心旷神怡的香槟和鱼子酱的味道，要么就展出琳琅满目的最新女性时尚品。无论进入哪家店面，你很快就会发现这家店的主打商品，也许这就是塞尔福里奇百货公司能荣获"2012年度全球最佳百货商店"称号的原因。

10 打造完美的线上体验

让你的商品一目了然

网购用户只会给你几秒钟的时间吸引他们的注意：如果无法清晰、迅速地展示出网站上的商品，他们可能会因为觉得浪费时间而移开视线。

毋庸置疑，你会碰到一些设计粗糙、指示模糊的网店。我不想举出具体的例子让店主们感到难堪，但是每年"最差网页"（Web Pages That Suck）网站都会给这些"世界最差网页"颁奖。店主们似乎对此满不在乎，因为这是他们连续 18 次获奖了。

好在还有许多网店的设计一目了然，完全突出了正出售的商品。如图 10-1 所示，德国自行车店 myownbike.de 对所售商品的展示非常清晰，你不会认为这家店除了卖自行车外还卖其他东西。

图 10-1　Myownbike 网站截图

同样，新西兰葡萄酒协会的网站从上线以来销售的商品都十分明确，点击首页某瓶酒的图片，就可以直接购买一箱葡萄酒回家。

这样的网站对实用型消费者（见第 3 章，知道想买什么并要立刻购买的人）来说非常适用，因为这些网站立刻就能告诉消费者来对了地方，在这里一定可以买到自己想要的东西。还有一些网站吸引喜欢获取信息的消费者，消费者一进入这些网站，就知道这些网站的目的是提供信息。垂钓网站 gofishing.co.uk 就是这样一个例子。如果消费者确实想购买，就能看到明确的公司商店的链接。这个网站的首页直接明了，且信息量大，有几处链接到几篇深度讲解垂钓的文章，还有一些页面提供有关垂钓的建议和窍门，有利于一些消费者先研究再购买。

再举个例子，澳大利亚的"果汁大王"（Juicemaster）网站着重向喜欢先进行研究的消费者提供信息，同时明确地告诉消费者如果研究得差不多了，可以到哪里购买（见图 10-2）。

图 10-2　Juicemaster 网站截屏图

这种立即识别的关键是，确定网站设计面向哪一类消费者。你是面向"立刻购买"的消费者呢，还是寻找信息的研究型消费者？当然了，这并不妨碍你创建两个不同的网站，以分别针对不同类型的网购用户。

一键下单 TIP

既要突出你所销售的商品，也要突出你所经营的网站到底是"立刻购买型"还是"信息提供型"。

简化每一个环节

网店要直接明了，操作简单易行，为消费者提供方便。也就是说，从挑选商品、加入购物车，到付款、结算的整个过程，必须流畅且不受阻碍。第 5 章里提到，消费者放弃支付已经加入购物车里的商品的情况时有发生，大多数是因为操作过程过于复杂。所以网店购物车最好设计得便捷一些。

网购最简单的方法是一键下单，不过很遗憾，现在这已经不可行了，因为亚马逊已经对此申请了专利。其实，亚马逊能够做到一键下单是因为消费者之前已经建立了账户，账户中保存了信用卡信息。那么，为了能尽量做到两键下单，购物车要么得有方便的账户系统，要么在一个结算页面上显示全部所需信息，包括信用卡信息。一些购物车程序已经能够做到这一点了，但另外一些还无法做到，接下来我会介绍如何选择购物车系统。

让顾客一键下单

> **一键下单 TIP**
>
> 尽可能减少用户从挑选产品到最后付款的点击次数。点击次数越少越好。

最好能够保证消费者能从购物车进入产品详情页，再回到购物车。第 5 章已经讲过，消费者往往把商品加入购物车后，还想要在付款之前回去查看一些细节。如果购物车丢失了一些商品，或者无法让消费者返回产品详情页面或网店其他页面，消费者很可能就会放弃购买。所以你需要使网页描述和后台购物车系统无缝对接，这样消费者可以随便逛，却不会丢失选好的商品，也不会不知道怎么回到支付页面。

消费者觉得麻烦的还有一点就是填表。他们必须填入自己的个人信息、信用卡信息，等等。研究显示，如果这些表单分为两栏的话，用户很容易不知所措。反之，将表单设计为一栏，这样所有的信息可以从上到下填入，过程就不会那么复杂。

大量研究表明，"立刻购买"按钮有些令人反感，而使用"准备结账"之类的词语往往效果更佳。这种细小的变化通常取决于你的市场和客流量，因此，正如第 5 章所讨论的那样，网店最好"对比试验"购物系统中的各个因素，以保证消费者操作简便。比如，一个页面用"立刻购买"按钮，另一个页面就用"马上订购"，让访客轮流访问这两个网页。然后用网页分析软件就很容易看到哪个页面带来的购买量更多，这样就能得出哪种措词更吸引消费者。

> **CLICK.OLOGY**
>
> 设计购物网页或购物流程并没有一成不变的规律。每一个客户群都不同,因此打造完美网店的唯一途径就是不断地测试。

一种简化购物过程的方式是在网站上建立全面的搜索工具。最近,我和一位客户讨论了一下他们网店的问题,以及他们认为我能怎样帮助他们。他们想知道为什么有很多人在搜索框中输入词条后不点击任何结果。于是,我测试了他们的搜索系统,输入了一些与他们销售的产品相关的词条。我得出的搜索结果告诉了我需要知道的一切。那个搜索工具只能搜索产品,不能查找网站上的任何信息。消费者在网店的相关区域就已经可以看到产品,所以他们搜索往往不是为了寻找产品。

一家完美的网店拥有全面而出色的搜索工具。更重要的是,搜索工具应该摆放在大多数人习惯的地方——中间,如若不然,就放在页面右上方。谷歌的搜索框就在中间,亚马逊、eBay 和 Facebook 都是如此。这意味着,大多数人都熟悉页面中央的搜索框,所以完美网店将它放在那里,会迅速发挥作用。

简化的另一方面是退货政策和相关设施,这在第 6 章中已有讨论。人们往往更愿意去退货流程清楚明确的网店,因为他们希望如果商品不合适,就可以退货。如果你的网店不公布退货政策,或让人们很难找到这些信息,他们就不太可能会到你这儿购物。所以,完美网店要有一个显而易见、便于使用的退货系统。

完美网店的最后一个方面是提供电话号码,其原因在第8章中已做过讨论。虽然对于亚马逊这样的大型在线商城,这一点并不重要,因为它们拥有衔接紧密、半自动化的客户服务中心,但是对于大多数网店,消费者都希望在有问题的时候,能够电话联系到它们。事实上,有些人可能先浏览店铺,再通过电话下单。因此,完美的网店应该贴出电话号码,位置应选择在用户最习惯查找它的页面顶部,而且应采用大而清晰的字体。

收银台越明显越好

几年前,我们那儿的英国玛莎百货要对门店进行重大整修,我们耐心地等待着它们将所有工作完成。当这家商店以新面貌重新营业后,我热衷上了研究它的变化。其中一些很出色,包括展示效果更好,逛商店的路径更加优化,但是我在购物时发现看不到任何结账的地方,任何地方都没有支付标识。所以,我像大多数人一样往出口走去,那里通常是收银台。然而,事实上新的收银台设在商店的中间,并不是什么显眼的地方,由于缺乏标识和几个服装展示位的遮挡,人们很难找到它。

当你找不到收银台时,就会感到沮丧。零售专家柏高·昂德希尔指出:"收银台最为难之处是选择位置。"[1] 他告诫商家,不要将收银台设置在入口附近,因为这样可能会导致消费者离开商店或不能逛得尽兴,而这正是大多数零售商的选择。如果大多数商店将收银台设置在同样的位置,那么就会获得约定俗成的效果。这意味着人们不必去了解各个商店的不同购物原则。

在网上，问题是结账处、购物车和付款选项到处都是，因为消费者不会花时间去找。如果像实体店那样，他们就会直接离开，去另一家更易于使用的网店。

那么，网店应该在哪里设置结账按钮或其他"支付"标识呢？大多数消费者都会在网页的右上方寻找结账处，因为他们经常购物的亚马逊和 eBay 是这样设置的。

不要担心你的网店和其他网店外观相似。你的网页设计师可能会说"其他网站把它放在那里，你想脱颖而出就要变换它的位置"之类的话。就这一点来说，不同的位置意味着消费者难以发现。不将你的结账按钮设置在右上方，就像让一个人开没有脚踏板或方向盘的车。如果他受到干扰，就不知道如何去做，但是如果这是他熟悉的过程，就容易多了。

找到效果最好的颜色

人们进入你的网店之后，如果不感兴趣，就会迅速离开。为了吸引消费者的注意力，让他们逗留更长时间，你可以使用的少数几个心理武器之一就是颜色。即使消费者没有意识到自己看到了网页上的颜色，但是这些颜色立即就被人眼识别了。更重要的是，不仅大脑的视觉中枢会解读颜色，而且大脑识别运动和肌理的区域也有这一功能。因为大脑的各个部分都在使用中，即使是色盲，也能够分辨颜色的差异。

颜色是网页上最快被识别的部分。许多人对这种"色彩心理学"进行了大量描述,并对颜色的含义以及如何将它们应用到网店上提出了建议。可悲的是,许多这样的"建议"是基于假设和传言,而不是实际的证据。例如,在欧洲,人们往往将绿色与自然、循环利用联系起来,但在南美,它与死亡相关。同样,在美国,蓝色与爱国相联系,但在中国则与康复有关。颜色是个主观感觉的问题,你的网站使用何种颜色要根据文化和浏览的具体情况来定。

有关颜色对网站的影响的研究向来很少,与零售相关的就更少了,而且那些已完成的研究也非常混乱、相互矛盾。一些针对购物车按钮的测试显示,红色比绿色效果更好,能吸引更多的点击次数(与第4章讨论的价格字体颜色类似),但另一些研究声称,红色不能收到好的效果;一些研究声称蓝色有助于销售,而另一些研究则认为没有差异。而且,颜色并不能始终引发所谓的"常识"反应。例如,如果你研究人们品尝美酒时的环境光的颜色,可能会认为在红色灯光下喝红酒会让饮用者感觉更加契合,从而产生更好的感觉。然而,有实验显示红色灯光对感知味道没有影响,不过当处于蓝色灯光下时,人们表示味道更苦。[2]

不仅如此,人们看到的颜色还取决于所使用的显示器或屏幕、网络浏览器的设置、是否有从窗户射进来的自然光线照射到了屏幕上,以及室内灯光的设置。你可能将你的网站设计成了鲜红的背景,但由于这些因素的影响,用户实际看到的可能是橙色背景。

然而,对于许多零售商如时装店而言,颜色是至关重要的。如果消费者想要买红色上衣,他就不会考虑看似粉红色的那一件,即使它实际上是红色的。为了确保消费者能在最大程度上看清产品的颜色,在线时装零售商 Asos 的网站主要采用黑色和白色——消费者看到的靓丽颜色几乎都是商品的颜色。此外,商品都是在白色或中性色的背景下拍摄的,防止颜色的干扰或失真。

对于颜色这个问题,有许多矛盾的建议,唯一的解决方案是测试,测试,再测试,看看哪些颜色和策略最适合你的具体情况。

选择可自由调整的购物车

在谷歌中输入"最好的购物车"这个词条,可以得到将近 50 万个结果。如果你浏览一下各个评论网站或目录列表,就会发现两件事情:大多数评论网站并没有真正的评论,因为它们都加入了联盟计划,通过说服消费者使用特定产品来赚钱;其次,目录下有许多不同的列表。事实上,一个前 10 的购物车列表,呈现的是另一个完全不同的所谓前 10 列表。很混乱,对吗?

选择购物车程序最重要的方面是要确保它是完全灵活的,让你能根据市场自由调整。为了让你的企业能选择到合适的电子商务系统,包括最合适的支付方式,你需要回答以下 10 个问题。

1. 你需要一个商业账户吗?

商业账户是一种特殊的银行账户,需要对你和你的公司进行验证,采用高安全级别。使用商业账户，并不一定要在网上开展业务和收取费用。但是，如果你符合以下条件，就可能需要一个商业账户：

◎ 通过电话或传真拿订单。

◎ 亲自接订单，比如在实体店。

◎ 很快收到钱。

◎ 减少你每月的费用和佣金。

◎ 销售某些产品或服务（如成人用品）。

◎ 运营大型的零售业务。

2. 你需要什么类型的商业账户？

商业账户有两种：一种是你拥有自己的账户，并与发行的银行有直接关系；一种是第三方账户，由另一家公司在它的商业账户上向你出租空间。例如，PayPal 的业务中包括第三方商业账户，提供高级支付方式（Website Payments Pro）。

商业账户之间的差异主要体现在收费上。通常，建立第三方商业账户是免费的，并且可以迅速启用，有些在注册后可立即使用。然而，这些账户需要更高的佣金和月租费；在你使用账户里的钱之前，一些企业还要求定存 30 天。标准的商业账户只需缴纳较低的月租费，每笔交易所需的佣金率也较低，而且三天后即可使用刚存入的钱。然而，标准商业账户往往需要开办费用，而且用时较长，因为需要对你和你的企业进行安全审查。不过，标准商业账户能为你提供更大的灵活性。

3. 你需要一个支付处理器？

支付处理器是一种服务，从消费者处获得信用卡信息，从他们的账户中取钱出来支付到你的商业账户中。有些提供商业账户的公司如 RBS WorldPay，它的服务中就包含了支付处理器。其他公司如 SagePay，则只提供支付处理器，所以你需要有一个单独的商业账户。PayPal Business 是一个完整的支付处理器软件包，其中融合了商业账户。

如果你现有的线下业务有了商业账户，那么你将需要一个在线支付处理器。但是，如果你只在网上运营，就可以使用组合服务，不需要拥有单独的商业账户和支付处理器，除非你想以后有不同的选择。举例来说，如果你使用商业账户和支付处理器组合服务，就有一点小风险——如果服务出现故障或停止运转，你就无法从消费者那儿收到钱。如果将两项服务分开来，你就能更快地重新建立你的网上支付工具。

对于大多数利基网店，实质上是在 PayPal 或其他软件包供应商如 RBS WorldPay 或 SagePay 中间选择。记住，PayPal 是全球最受认可的在线支付系统，有超过 100 万的活跃用户，所以单从知名度来说要更好。大型企业往往首选的是使用自己的商业账户和支付处理器建立独立的系统，认为会更安全，但是这种方法较为烦琐，且技术难度大。

4. 你需要一个虚拟终端吗？

如果你想通过电话、传真或消费者信用卡信息收钱，而不是使用网页或购物车，也没有一个完整、标准的商业账户，那么就需要一个虚拟终端。虚拟终端是一个安全网页,你登录进去,然后手动输入消费者的信用卡信息。有些付款处理器公司,如 SagePay,将虚拟终端当作常规服务,RBS WorldPay 则为这项服务收取一次性费用,PayPal 将其包括在高级支付方式中,也可作为一个单独的功能。

5. 你可以使用其他替代方案吗?

在网上出售产品或服务可以不必拥有商业账户或支付处理器。许多托管公司都提供完整的电子商务软件包,如网页商店,也有专业公司提供"盒子里的在线商店"。在这两种情况下,你建立账户后,就可以立即使用系统自带的支付处理器和商业账户销售产品和服务。这种账户通常按月收费。

这种方案的优点是能在几分钟之内运行起来。你只需注册,使用预格式化模板,再添加产品就可以了。但是,它也有局限性。你只能使用系统提供的店铺设计和布局,这意味着你可能无法为特定消费者建立完美的网店。许多这类服务可以让你选择数百种布局,并能够将你自己的图片和标识添加进去,但是它们不像你自己开发的网站那样灵活。此外,那些也提供支付处理服务的软件往往收取较高的佣金,并且会把你的收入截留一段不短的时间,然后才打入你的银行账户。

6. 你想采用订阅服务吗?

如果你想提供每月付费的订阅服务,或者你拥有某种定期收费的会员网站,就要特别注意你所选择的商业账户或支付处理器。有的不提供这种功能，而有的则收取额外的费用。例如，RBS WorldPay Gateway Plus 就要求支付一次性开办费用。

可以肯定，你使用的购物车软件也可以办理订阅或定期付费服务。有些软件可以，但只能使用特定的支付处理器。如果你想采用订阅服务，就需要仔细检查。

7. 你是否需要购物车？

如果你出售多种产品，消费者可能购买的商品不止一种，那么有购物车就更方便了。但是，如果你只销售单一的产品，或者消费者每次只从你这儿购买一种产品或服务，就不需要购物车。你只需添加一个"立即购买"按钮连接到 PayPal 就够了。

即便如此，购物车确实有魅力。首先，许多购物车都自动与在线支付处理器连接。如果你使用 PayPal 或类似服务，就必须每次为按钮编码。而对于购物车，你通常只要建立一次连接，然后每次添加一种产品或服务，软件就会自动为你完成该过程。此外，消费者感觉使用购物车更得心应手，因为现在各网店都提供购物车功能。在网站上提供购物车服务胜过简单的"立即购买"按钮，可以提高消费者的信任度。

8. 你需要什么样的购物车？

购物车主要有三种：

◎ 托管购物车，是供应商在服务器上提供的服务，你可以租用比如

1ShoppingCart 或 DPD。通常情况下，你可以限制消费者数量或产品数量以及交易次数。

◎ 独立购物车是指可以下载并安装到系统上的软件，如 ShopFactory 和 Coffee Cup Shopping Cart Creator。

◎ 脚本化购物车是指需要安装自己的网络服务器上的系统。此类服务包括 VirtueMart 和 ClickCartPro。

如果你不太熟悉技术，托管购物车是最好的选择，而使用脚本化购物车要求掌握专业知识。托管购物车通常不太灵活，因为它们必须迎合广大用户的需求。托管购物车可能不具备你想要的一些特殊功能，难以达到完美网店的要求。

9. 你销售可下载产品吗？

如果你销售电子书、软件、音乐、视频或其他数字商品，你的购物车或支付处理器就需要能够处理这些产品。很多购物车或支付处理器不具备这种功能。同样，许多服务不提供限时的下载链接或其他安全措施，帮助你防止数字商品被共享或被盗。例如，PayPal 允许销售可下载商品，但是你需要自己添加安全软件，如 DLGuard。通常情况下，如果你想有效地处理数字商品，就需要一个脚本化购物车系统。

10. 你懂技术吗？

在网上收费需要具备专业技能，要么建立一个脚本化的零售系统，其中包含一些编码的成分，要么将多种服务结合起来，比如商业账户、支付处理器以及购物车。如果你没有技术天赋，投入时间只会适得其反；即使是托管包系统，如 1ShoppingCart，也需要一些技术知识。当然，对于大型零售商，IT 部门将负责处理这一切。然而，编写定制软件和创建完美的购物车系统耗资巨大、耗时漫长。

显然，为完美网店选择合适的购物系统并不容易，它比我曾经从事过的大多数业务都要复杂得多。如果你回答了以上 10 个问题，你需要考虑的问题就能得到有效处理。如果你不谨慎处理这些问题，就有可能错过合适的购物软件，无法为特定消费者打造合适的网店。

激发消费者的参与感

假设你有一个优秀的购物车系统，能最大程度地满足消费者的需求，那么下一个要考虑的元素就是如何维持你的网店与消费者的关系。第 7 章中已提到，人们热衷于与朋友分享购物信息。这意味着你的网站需要有分享功能，能够让人们在社交网站如 Facebook、Twitter、Pinterest 和 Google+ 上分享他们的购物信息。

消费者购买商品之后，你可以在订单确认页面上添加 Twitter 链接，让他们对该次购物发表评论。同样，你也可以在电子邮件收据和订单确认页面添加社交网络分享的链接，为消费者提供进一步分享购物的机会。

参与的另一方面是，消费者给出他们对你的产品和服务的看法。其中大多是积极的评价，所以你应该鼓励他们。如图 10-3 所示，2012 年复古 T 恤店 TruffleShuffle 通过赠送优惠券的方式鼓励用户发表评论。

图 10-3　TruffleShuffle 网站截图

虽然优惠券和礼物都可以鼓励消费者在你的网站上发表评论，但是你必须让这一过程变得简单。有些网站要求消费者单独注册账号并登录之后才能发表评论，而消费者只是想用一两句话来表达对所购买商品的喜欢，为什么要费这番周折呢？简化不必要的步骤，让消费者更愿意发表自己的意见和评价，比如你可以为消费者提供一个便于访问的单页、单列方框。记住，如果消费者觉得在你的网站上评论产品和服务麻烦，他们很可能会去外部评论网站。这些网站只需登录，就可以评论众多供应商和制造商的商品。

来看一下 Breville 网站出售的 Baker's Oven 面包机。用户在澳大利亚产品点评网（Product Review Australia）上发表的对这台面包机的评论比在 Breville 自己的网站上多了好几倍。若要在 Breville 网站上提交评论，用户必须点击"添加您的评论"，而系统接下来会告知需要登录。来到登录页面后，如果用户没有账户，就必须创建一个。此时，他们发表评论的兴趣早已大大减退。相反，在澳大利亚产品点评网上，用户可以发表评论、创建账户，或者一键到达登录页面（见图 10-4 和图 10-5）。

因此，完美网店应该提供易于使用的产品评论系统，以及能让消费者在社交网络上分享购物的简单且容易辨认的方法。

图 10-4　澳大利亚产品点评网站截图

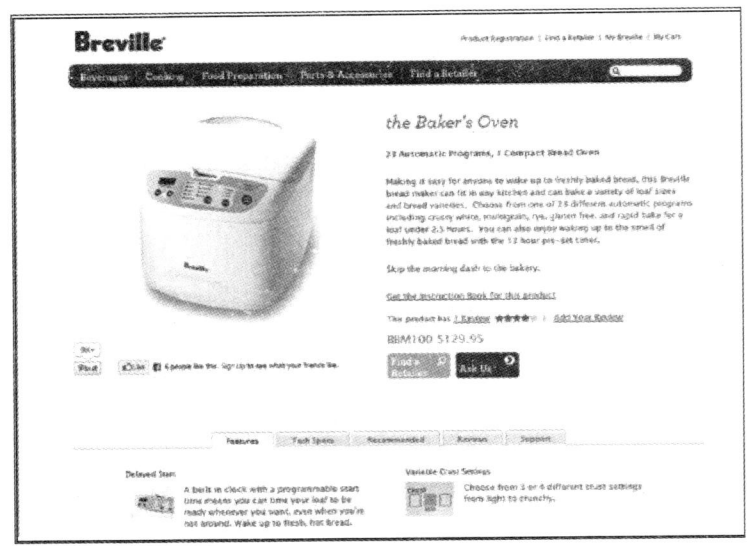

图 10-5　Breville 网站截图

释放安全信号

安全是网购用户最关心的一个问题。第 8 章已详细讨论过，人们会对不太了解的商家持警惕的态度。大型知名网站可以凭借品牌形象和大量的经验建立一定程度的信任。但是，许多购物都发生在较小的网站或者是一次性的，消费者对它们的品牌或公司不了解，也不能凭经验进行判断。因此，在这样的情况下，网店必须表现出负责任的态度，释放信任信号。

如前所述，小的细节不可少，比如在每个页面的底部提供实际地址、电话号码和可点击的电子邮件链接。这些都表明了企业实际存在，并且愿意与人联系。此外，将你所属的贸易团体或专业机构的标识放在页脚来证明公司的资格，并确保标识链接到你公司在该组织中的资料页，这样用户就可以点击它们，查看你公司的详细信息。你接受的支付处理器或信用卡标识也可以与银行网站上的相关网页建立链接，进一步显示你的网店的信誉。

不过，网上购物最重要的安全问题是"https"协议。这个协议使用了一个称为"安全套接字层"（Secure Sockets Layer）的过程，当信用卡信息和个人信息在互联网上传输时，对它们进行加密处理。网购用户都知道，该系统在浏览器上就是一个安全锁标识，让人在视觉上感到安心。事实上，如果你拥有商业账户或支付处理器，协议的一部分就是拥有安全网站。有了SSL，你可以从GeoTrust、Thawte或Verisign这样的组织获得安全证书，还会获得一个确定你的网站安全的标识。

此外，在你的网站上设置一个安全页面，来说明你为保护消费者所做的一切。偷盗信用卡数据的一种方式是从网店的办公场所盗窃信息。例如，不道德的员工可以登录内部系统，打印出消费者的信用卡信息，然后放在口袋里带出办公室。完美网店应该有一个页面用来介绍到位的网络安全措施，以及保证办公场所也采用了相应的安全措施。人们理所当然地认为大公司拥有物理安保措施，但是对于规模较小的公司，这一点确实值得强调。这样一来，就进一步打消了消费者的疑虑，提升了消费者购买的可能性。

CLICK.OLOGY
如何让顾客一键下单

打造完美网店可以遵循以下 7 个步骤：

1. 使用适宜的图片和简洁的文字，清楚地展示你所销售的产品。
2. 简化产品选择过程，借助全面的搜索工具使这一过程变得顺畅、容易。
3. 将购买按钮和结账处设置在网站的显眼位置。
4. 测试网站的设计和颜色。
5. 选择适合你的市场的购物车和付款流程。
6. 在网站上融入社交工具，如评论工具，为消费者提供在社交网站上分享购物的机会。
7. 向消费者展示你的网店具有安全意识，并且关怀消费者。

what works in online shopping and
how your business can use consumer psychology to succeed

CLICK.OLOGY

PART 3

第三部分

点击，让顾客一键下单

11

线上零售业的未来

▼

CLICK.OLOGY

what works in online shopping and
how your business can use
consumer psychology to succeed

毫无疑问，网购热潮还会一直持续。全球网购商品价值总额于2011年创下了历史新高，但是2012年更是在此基础上递增了18%。

每时每刻，网购都令无数人乐此不疲，因而一些公司的商品交易总额也让人惊叹不已。例如，亚马逊2012年年度报告显示，其产品年网络净销售额接近520亿美元，这意味着平均每秒的净销售额为1 640美元。这足以说明网购人气之盛。与此同时，eBay每秒交易额为4 600美元。

英国人均年网上消费额为1 083欧元，位于世界前列，尽管如此，人们在实体店购买商品仍占总量的90%。另外，因为一些企业发现，线下交易成功并不意味着线上交易也能成功，反之亦然，所以他们不知是否应该推出网店。

有的影响是来自于某一代人。老年人往往不像年轻人一样熟悉网购,因此实体店往往是他们的第一选择。但这一现象也有所改变。最近,我与一家既有几百家实体店又有网店的大型时尚连锁品牌的 CEO 交谈时了解到,因为他们客户的平均年龄都在 60 岁以上,所以网店并未取得预期成功。随着 iPad 和其他平板设备的流行,网店数量也大幅增加。平板设备操作非常简单,老年人也很容易上手,因此越来越多的老年人也开始进行网上购物。

平板设备的普及,不仅意味着零售商多了一条渠道来提高产品销量,也意味着消费者结构的变动。网购顾客的年龄段扩大,顾客数量大幅上升,其要求也不同于往日。在同一时间,要面对如此众多不同的变化与要求,让零售商们始料未及。

达里尔·康纳(Daryl Conner)在《如何在高速变革中应对自如》(*Managing at the Speed of Chance*)一书中指出,当我们面对高速变革时,有两种选择:一种是消极应对、担心局势,另一种是视变革为机遇。[1] 许多企业会陷入前者。人们既要应对不断加大的工作量,又要应对即将来临的工作任务,导致忧心忡忡、情绪低落。

以下研究提供了有力证据。考虑到距离因素,澳大利亚通过手机购物的居民比例非常高,但是手机网站 mUmBRELLA 报告显示,在 2013 年年初,澳大利亚只有 36% 的网店支持手机购物。这表明,虽然变革已经影响了许多企业,但是它们大多选择忽视变革,而不是采取应对措施。

2012年，一家企业供应商，也是大型实体零售商联系到我。这家公司有网店，但是大部分交易还是通过一心想达成交易的销售代表带上商品目录，去拜访目标客户完成。公司主管也承认，这种方式有点儿古怪、不入流，并且他们的客户也建议开设全方位服务的网店。所以他们向我寻求帮助，到底应该采取哪种策略。我与CEO以及相关董事进行过几次会谈，也与许多职工谈过这个想法，甚至还和他们的客户进行了沟通。但是，一年以后，他们并没有采纳我的提议。

我问公司CEO，为什么还没有开设全方位服务的网店。他答道，一旦开设网店，就不需要现在这么多的销售代表了，而是需要新的技术型员工。与此同时，公司还要改变推销促销产品的方式，以及改变分析活动方式。当然，这些我都与他讨论过，并且在我的报告中也有提及。但实际上，想要做出改变，付出的代价很多。

按常理推断，在线音乐销售应由音乐产业开发，但是恰恰相反，音乐公司纷纷阻止人们听数字音乐。反而是一家卖Macintosh台式机和笔记本电脑的利基电脑公司开发了在线数字音乐。无独有偶，搜索引擎也不是由黄页电话薄（Yellow Pages）或者凯里名录（Kelly's）发明的，而是由几个在读博士生发明。第一个网上书店的构想则来自华尔街的电脑网络专家。为什么那些本来"抢占了先机"的人最终都没有胜过后起之秀？很大程度上，是因为他们不愿意接受改变。

想要在这日新月异的零售业中长盛不衰，企业就应该接受变化。若未能做到这一点，结局只有两种可能，要么被那些头脑灵活、适应市场变化、能力强的对手逼得门可罗雀、生意惨淡，要么就直接关门歇业、淘汰出局。

新事物不代表高难度

10年前，我在英国南部纽伯里召开的一次商务会议上，与公共关系专家奈杰尔·摩根（Nigel Morgan）相识。那次会议上，我受邀介绍一种在当时还比较新潮的在线技术——博客。在活动开始时，我问在座有多少是常玩博客的人，当时整个会场中，唯有摩根举手回应。早在那时，我就断言，对于当地小型企业，博客是不可或缺的成功条件。如果在场企业没有在一年内利用博客，那么在五年内势必破产。摩根也曾谈起我们相识的经历，并补充了两个耐人寻味的小故事。第一，他是在场唯一使用博客的人，而事实上，他做的远不止这些。第二，在场的其他企业很快就没生意可做了。

我讲这个故事，并非想让读者朋友佩服我的先知先觉，只是想以此为例，指出那时，很多企业认为博客不过是新奇古怪的事物，是一些科学疯子才搞的玩意儿。他们对博客不冷不热，认为可以放在一边，等有"闲暇时间"再做。总之，他们就是对博客不屑一顾。

数百年来，政客和宗教人士利用传单、海报和报纸宣传自己的观点，企业自身也纷纷出版市场营销刊物，这些方式都属于"内容销售"，而博客实际上也是"内容销售"的一种形式。

网上购物也存在类似问题。例如，人们认为网络分析既高端又复杂，技术含量高。从技术层面来讲，也确实如此。然而，几十年来，零售商都始终如一地做一些商业分析，例如人们的进店目的、兴趣点、做特定事情花费的时间，以及最流行的商品。一些在线零售商认为网络分析新奇陌生，自己力所不逮，因此也丧失了可以飞黄腾达的重要信息。

当我问及企业怎么评估网站，最多的答复是"访问量"。仅考虑访问量，等于仅计算了网站每个商品的点击次数，在现实世界中，无异于计算店门口有多少人经过而已。访客进入了网页，并不意味着他有意要买东西。

新事物就代表着高难度，这种认知极大阻碍了企业从网络销售中获利。真正的问题不是出自网购者的心态，而是出自在线零售商的心态。

技术发展，零售业有更多可能

我在家乡一家书店的经历再次证实了许多商家仍然墨守成规。那天，我想买一本关于小型企业市场营销的图书，但是我没有特定书目，所以要先找到相应的图书区。我先走到商业图书区，但是因为这些书都是按作者姓氏的字母排名分类，根本没法找到市场销售类图书。如果你恰好知道作者名字，那真是再好不过了，但是如果不知道，就要费九牛二虎之力了。领导力类图书可能紧挨着销售类图书，而销售类图书旁边却是在线会计类图书。相比之下，在网上书店，只需在搜索框内输入图书类别，几秒钟后，就可以找到想要的书。只需点击此书，试读，就可以立刻订购。如果是一本电子书，我就能在一分钟之内开启阅读之旅。再回想当地的实体书店，找到图书相应分区就不止要一分钟，更不用说找到那本心仪的书了。

搜索技术已经诞生数年，实体书店完全可以提供即时搜索服务，消费者也可以登录搜索书籍，然后找到书籍的准确位置。关键的问题在于，实体书店没有意识到消费者的需求在改变，因此也没有提供搜索服务。这样一来，他们只能眼睁睁地看着高效的网上书店抢走客源。

当然，有的技术演变是双向的，不仅涉及商家，还涉及消费者。我们以质感为例，对大多数服装零售商来说，质感是服装销售的核心。在实体服装店，消费者每时每刻都在感受衣服的质感。零售商把衣服放得很近，消费者走过时就会有意无意地感受到衣服材质。

虽然服装零售商在网上销量不少，但是消费者只有签收之后才能触摸到网购衣服的材质，而且往往不尽人意。瑞士信贷银行研究表明，在圣诞节准备阶段网上销售的衣服，几乎半数都在一月份退回。[2] 原因可能是大小不合适、购买时过于理想化，但是利用网络技术进一步与消费者进行互动就可以解决这些问题。

10年以后，网上技术可能就可以传递商品质感了，而现在一些疯狂的项目已经显示出了其巨大潜力。[3] 例如，东京庆应大学的艾德里安·切克（Adrian Cheok）教授，就是第一个在虚拟世界中感受抱一只鸡的人。在网络一端，一只鸡穿着与网络相连接的外套，而网络另一端，切克教授抱着一个类似于玩偶的、也与网络相连接的复制鸡。虽然切克教授没有真正地抱着这只鸡,但是他可以感受到鸡的一举一动。这个例子可能看上去很傻,但是利用这种触觉技术,你可以与远在地球另一端的人握手,并感受到他们的回应。

现在,其他一些一度认为难以实现的事情也已经实现,例如机器人销售助理、虚拟试衣间。

FITS.ME

FITS.ME 是一家科技公司,它们用富有新意的"视觉试衣间",为服装网店解决了退货量大这一问题。消费者可以在该网站输入自己的尺寸,选择服装后,只需几秒,就可以看到穿衣的效果,判断衣服是否合身。毕竟,网络媒介对大企业和小企业而言,都相差无几。

FITS.ME 的数据显示,它的系统可以让在线零售商的退货率减少 77%。更重要的是,利用了这种视觉更衣室的在线零售商,其在线商品购买转换率增加了 57%。

FITS.ME 利用自动化的人体模型,这种模型包含了所有体型、所有身材,模型上的衣服效果都是通过数千次拍摄而成。也就是说,在这个网站上,一个人的身材和体型总能找到对应的影像。这就好比你面前有一面试衣镜,不过是在线的而已(见图 11-1)。

11
线上零售业的未来

图 11-1 Fits.me 网站截图

以上只是一部分例子。1994 年，我第一次写关于互联网的文章，写的是"互联网冰箱"的巨大潜力。人们都认为我在凭空想象，但当时我已经看到过，冰箱门上有电脑控制的早期冰箱样机。设计初衷是实现做饭时，人们可以上网购买所需的食材。现在三星就推出了这种冰箱。你不但可以在冰箱门上留言，保存和搜寻食谱，还可以在做饭的时候听音乐。要不了多久，这类冰箱就可以自动检查食物的保质期，给你留言说"不要吃这个"，并且自动在你最喜爱的网上超市买到新鲜货。

"互联网商品"现在确实已经出现在我们的生活之中。韩国电器制造商 LG 推出了可以连网的洗衣机和洗碗机。你甚至可以买到可以监控沙发的沙发套,当你的宠物跳到名贵的沙发上,无论你在世界任何地方,沙发套都能给你发出警告通知,然后你可以发出声音或者一些指令让你的宠物跳下去。

这些高科技产品的出现让在线零售商不禁疑惑:要提高服务质量,到底应该采用哪些新技术?阻碍网购进一步发展的是缺少创造性思维。一些其他领域的竞争者善于抓住机会,创办运用先进技术的公司,抢占市场先机。如果现存企业不做出改变,就无法与这些企业抗衡,最终淘汰出局。

利基网点,集合不同供应商

许多实体店没有在满足消费者需求、达到消费者预期上下功夫,而是花费心思在网上再现其实体店,这无异于浪费时间。甚至,部分实体零售商根本就还没有做好应对网店挑战的准备。与此同时,整个网购市场基本上是亚马逊和 eBay 这些巨头的天下,而后起之秀们,如谷歌正携其应用商店销售平台"谷歌市场"(Google Play)强势进军这一领域。

除开大众市场,还有许多注重特定市场、特定商品的利基公司。例如,如果你心血来潮想买一个假胡子,就有专门卖假胡子的利基网站:facetache.com。以前,只有派对用品店和玩具店出售假胡子。而且可能因为假胡子不是非常受欢迎,所以店家只保留三种利润最高的假胡子。相比之下,facetache.com 可以提供 60 种不同的假胡子任消费者挑选。诸如此类的利基网店都可以提供更多选择,也为网店的大获成功助以一臂之力。

关于 fecetache.com 还有一个小秘密，那就是网店创始人安德鲁·戴斯特（Andrew Dyster）根本没有任何假胡子库存，他也没有买进假胡子再转手卖给消费者。真相是，他店里的所有商品都有"相关链接"，以连接到不同的供应商。他建立利基网站，集合不同供应商，免去了消费者要一个网站一个网站地找想要的假胡子的麻烦。这就是网购如此风靡的又一原因——便利。这意味着小零售商们可以创建在线导购网站，这是实体店根本无法实现的优势。这样一来，这种导购网站就不会像卖假胡子的实体店，只有当地人光顾了。

售后服务是成功的关键

建立一个利基网店，只需要区区几英镑，人人都可以做到。自然，消费者也越来越敏锐，如果发现网店运营不好，点点鼠标就可以转向其他家。因此，最终成功的网店，都更注重售后服务。

尽管如此，许多网店的售后服务也不尽人意。众多事实均表明，这些经营者都是以家庭事务为主的个人，只图赚取外快。对他们来说，这不是正业，只是借此赚得每年旅游经费的副业而已。不幸的是，消费者很难辨别这些所谓的副业和正业。由于知名网站可以提供优质的售后服务，因此吸引了大批消费者光顾。

最近，我从一个大型网店买了一件商品。但是收到商品时我发现，

小票上的金额比我应付金额高出一倍。然后我查询了网站,证实了我计算无误。于是我登录售后页面,进入了投诉区。网站显示有三种售后服务方式,并推荐消费者使用在线沟通方式。于是我与客服进行了沟通,客服向我表示歉意并且退钱给我,整个过程不到30秒。而之后的半分钟,我就收到了客服的邮件,确认我们的谈话内容以及退款情况。

几年以前,我在一家大型实体连锁店也有类似的经历。我拿着商品回到家,看了小票才发现多付了钱。我给商家致电,好不容易与负责人说上话,却被告知如果我不亲自回到商店,他们也无能为力。这意味着我来回要跑12公里,与一个不会对我微笑也不向我表示歉意的负责人交涉。最终,我解决此事走出商店,已经是一小时以后,而我对这家商店也再无好感。直至今日,我也尽量不踏入此店一步。

如此看来,无论是网店还是实体店,都需要提高售后服务。如果不能做到,就会被其他更加注重售后服务的竞争者抢走客源,最后关门歇业。

速度大比拼

一些实体店声称,它们可以做到每六周就大上新一次。与每年两到三次的换季上新相比,这个速度不慢。但是,网店每周上新已经是司空见惯了,有些网店甚至可以做到天天上新。

就速度方面而言,实体店很难战胜网店。除去路程时间不说,消费者去实体店可能还会遭遇缺货或者商品被预订的情况。按照常见的物流配送系统,商品在货车到来之前都一直处于滞留,这可能就要等上一个星期,然后返回到实体店还要一程。但是在网上,即便是货源不多的商品,你都可以找到心仪的商品,并且在第二天,或者更快拿到手。人们更习惯立刻得到想要的商品,这也让网上零售业前途一片光明。

网站的发展周期

网上出售的商品无奇不有。2007年,来自英国曼彻斯特的克里斯·科普斯泰克(Carys Copestake)因为无力支付大学学费,在eBay上以10 000英镑出售自己的处女身。购买的是一名主管,但他只是出于对女孩的同情,并没有真正与她发生关系。同样是在eBay上,来自美国康奈迪克州的梅丽莎·休施克尔(Melissa Heuschkel)拍卖了自己未出生的宝宝的冠名权。随后该冠名权被一家名为"Golden Palace"的赌场买下,成交价为15 500美元。为此休施克尔第四个孩子被取名为"Golden Palace Benedetto",简称"Goldie"。

除了eBay,你还可以在许多网站上买到千奇百怪的东西。在skullsunlimited.com上你可以买到真人头盖骨。如果闲钱够多,你也可以在vladi-private-islands.de上购买一座小岛。

人们想买东西,往往先去网上看看能不能买到,通常来说答案是肯定的。也就是说,网购用户越来越习惯在网上找商品,加入购物车,并立刻完成支付。

网上购物已十分流行,但是大多数交易还是在实体店完成,实体店并非没有出路。

技术顾问公司高德纳发明了发展规律周期图(见图11-2),该图展示了随着时间流逝,人们对技术的不同关注度。[4] 发展规律周期理论认为,所有技术在发展之初,人们对其兴趣最浓,称之为"期望膨胀期"(peak of inflated expectation)。随之,人们更深入地了解了这项技术,并把这项技术与其他技术相比较,期望很快降低为"幻觉破灭期"(trough of disillusionment)。随着了解越发深入,人们又进入"启蒙上升期"(slope of enlightenment)。最后,掌握了这项技术,进入了"生产成熟期"(plateau of productivity)。

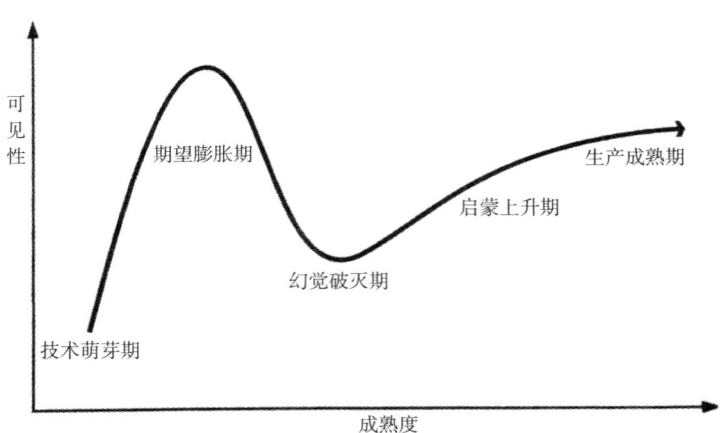

图 11-2 发展规律周期图

图片来源:Gartner, Research Methodology. Http://www.gartner.com/it/products/research/ methodologies/research_hype.jsp

不同的技术，经历这个发展规律周期的时间也不尽相同。发明新技术的人的目标是尽快走到生产成熟期，拿到生产权。然而，一些技术永远也无法走到这一步，而永远停留在了幻觉破灭期。

根据高德纳推测，众多现象表明网上交易还没有达到生产成熟期。的确，就网上购物的技术层面而言，有的还没有走到期望膨胀期，有的正处于幻觉破灭期。例如，电子邮件营销正处于多年来的最低点，而使用移动优惠券打折还处于上升期。

对于网购技术的褒贬不一，不但迷惑了消费者，也阻碍了网购自身的发展，更让企业在网购技术得到普遍接受之前，不愿意做出任何改变。然而，因为一项技术处于生产成熟期时，另一项技术可能又处于期望膨胀期，如此以往，只会造成更久的延误。

我们只需要把整个在线交易看作一个整体，用发展规律周期分析。一些消费者仍对网购持有怀疑态度。例如，在2012年圣诞节后期准备阶段，英国网购用户遭遇商品发货延迟。诸如此类的事件，更是让人们疑心重重。即便如此，许多国家的网购才刚刚兴起，市场潜力巨大。综上所述，全球网购还没有到达"期望膨胀期"。

这些信息可以帮助零售商做更好的规划，继续建立心系消费者的网店。他们知道在幻觉破灭期到来之前还有时间可以利用，而到达幻觉破灭期他们也有所准备，可以迎难而上、解决问题，然后迅速实现长远目标，走到生产成熟期。

实体店的危机

现在我们想象一下,实体店又处于图 11-2 中的哪个阶段呢?显然是处于幻觉破灭期。人们已经受够了去实体店,又要花高价停车费又要花油费。相比网店,人们更是对实体店的商品缺货、选择有限越发不满。如果实体店在这些方面都不下功夫,那就相当于放任高效的网店抢走更多的客源。

随着在线音乐进军传统音乐产业,在英国,主人之声唱片(HMV)已经有 100 余家门店关门歇业。无独有偶,因为网上数码照相机热卖,摄影连锁店 Jessops 无法与网店抗衡而导致 187 家门店关门。但是,它们的失败不能全部归因于网购热潮。正如咨询公司 Aspley 在 2012 年年初所言:

> 导致企业破产的原因并不是互联网本身,而是相较于其竞争对手,这些企业适应网络的速度过慢。[5]

主人之声唱片和 Jessops 都在极力挽救,现在它们更加注重网上销售,以面对未来挑战。这些事例表明,网购越来越流行,如果实体店没有采取及时的应对措施,就会很快陷入困境。网店有许多优势,例如选择多样、方便快捷、提供详细的产品信息,如果实体店不能提供相应的服务,人们就会更倾向于网店。

线上线下，互为补充

面对市场变化，实体店商家无计可施，只能墨守成规。他们为消费者提供印刷版的商品目录，与网上的商品目录如出一辙。总之，他们就是以自己喜欢的渠道，满足消费者需求。但是这种所谓的"多渠道销售"，其实是种逃避选择，只是在发生翻天覆地改变的购物方式中，草草应付了事而已。

许多优秀的商家深谙其道，于是放弃了"多渠道销售"转向"全方位销售"。采用这种方式，消费者可以同时使用不同的渠道，获得全方位的感受。消费者可以在实体店中，使用平板设备查看商品详细信息，同时与销售人员进行电话沟通。

点击提货（CLICK AND COLLECT）

2013 年 9 月，eBay 与实体店阿格斯（Argos）宣布合作，称消费者在 eBay 上购买商品之后，可以直接到当地阿格斯门店自提货物，而无需再让快递送货上门。这种点击提货方式十分新颖，而且实质上，eBay 就这样把竞争对手变成了合作伙伴。eBay 上只有 50 位商家参与到了这个点击提货项目中，而且阿格斯本身就在 eBay 上有一家大型网店。那么，到底是什么吸引着商家加入呢？

当然，eBay 让消费者选择自己喜欢的方式取货，以此提高服务质量，让购物更加方便快捷。阿格斯则期望实体店人气更盛，以此吸引更多消费者，同时也可以向 eBay 收取服务费。

我们在第 2 章提到，消费者希望以自己喜欢的方式付款，而这种合作就可以实现。然而，eBay 和阿格斯的关系变化也是一个标志，标志着品牌店和零售商的界限越来越模糊，这归因于互联网提供了全方位的购物模式。这意味着，阿格斯可以递送 eBay 的商品，而人们也可以到当地的 Co-operative 或者史泰博（Staples）门店提取在亚马逊上购买的商品，未来还会出现根本无法想象的其他商家之间的合作。消费者掌控了主导权，零售商必须提供多种服务以满足消费者的不同需求——不只要考虑"全方位渠道"，还要考虑"全方位无死角渠道"。

研究表明，由于人们可以获取到更多信息，他们的品牌忠实度在降低。消费者现在更加看重的是商品质量是否可靠、购物是否快捷、有没有有针对性的服务。同时，也更注重能否有更多选择，能否获取更多信息。

这对传统实体店来说，无疑是个绝佳的好机会。我们在第 3 章中提到展示店不断增多，越来越多的实体店变成了展示店，店内有网络连接、在线订购指南、二维码等信息获取渠道，一切都在步入正轨。虽然如此，全方位服务已经抢先一步，做到了这些。未来，这类展示店需要的是专家：不是仅能给予肤浅建议、收钱结账的销售员，而是知识丰富、可以给消费者深入建议、与消费者度过美好购物时光的销售员。

11
线上零售业的未来

想象一下,你到了一家不常去的实体店,进店之后发现销售人员对产品都是一知半解。你还要排长队去付钱,付钱时甚至没人对你笑脸相迎,那么你以后可能宁愿在这家店的网店购物,或者去其同行的网店购物。

如果是下面这样呢?你还是去了一家实体店,不过去之前你已经对想要买的商品在网上做了一些调查。你发现,这家店没有堆满商品的货架,气氛很舒适,适合聊天,人们都在喝咖啡,顾客都在使用平板设备。一名销售员向你走来,问你有什么需要,你告诉他你想要的产品是什么样的。随后销售员带你入座,倒了杯咖啡给你,并询问你为什么想要这件商品,期望用这件商品做什么。谈话间,销售员轻触平板电脑几下,向店后方的仓库订了你感兴趣的那件商品。很快,另一名销售员就把商品送来,由第一位销售员向你展示商品。你可以试用此商品,销售员会建议你看一段其他消费者使用该商品的视频。他从平板电脑中打开Facebook上的视频,递给你观看。你递回样品时,销售员会问你还有其他疑问吗。当然,你还有一些不清楚的地方,就继续向他询问。销售员会给你专业、周到、信息全面的回答,他甚至会在网上给你找出常见问题解答,为你进一步作答。

这听上去吸引人吗?你想要这样的服务吗?答案是毋庸置疑的。这就是苹果销售的运作模式。

英国的约翰·路易斯(John Lewis)百货商店也把线上线下视为一体,他们会把网上的营业收入计入当地实体店。这就意味着,他们把网站看做是实体店的延伸，而不是竞争对手。

实际上，并非所有零售商都有必要把实体店改造成展示店，因为消费者十有八九不会用这种方式购买必需品。例如，就算服装店想要利用科技引导人们购物，人们还是想要亲身试试衣服。另外，这也不适用于即兴购物，比如说在高跟鞋后跟断裂的时候需要买一双鞋，你绝对不希望走进一家鞋店，与导购交流后，看到想要的鞋，但是还要在网上订购，等货送到，在此期间，不得不一瘸一拐地走路。展示店会日益受欢迎，市场上也有它的一席之地，但是它不会完全取代整个传统商店。

2012年，普华永道咨询公司的研究表明，很大一部分人还是喜欢"过时"的商店，而"未来商店大多数将会变成展示店"这一说法还有待考证。[6]调查也表明，许多人确实在网店搜寻商品信息，但是他们还是喜欢去实体店购买。

未来的大赢家，不会只注重全方位服务，或者多渠道销售，或者单纯地用网店代替实体店，相反，他们会汲取彼此的经验，不断适应瞬息万变的零售行业。

12

推动一键下单的 5 个步骤

▼

CLICK.OLOGY

what works in online shopping and how your business can use consumer psychology to succeed

消费者在网上和在实体店购物的表现有很大差异。了解这些差异是什么，为什么会出现，以及如何加以利用，对于在线零售行业至关重要。

关键在于要认识注意力、信誉、感知、自尊、社会心理、求生本能和信任的重要性。这些心理原则为消费者行为提供了驱动，为本书的点击系统提供了支撑。

便捷，提供真正的选择和控制

毫无疑问，网上购物方便。毕竟，你可以享受在家购物的舒适，而不必冒着严寒或在雨天出门，也不必提着大包小包的东西放到车上或坐公交回家。

然而，正如第 2 章所提到的，这只是表面的方便。实际上，我们在网上购物所花的时间往往比在现实世界的更多，所以节省时间可能是一种错觉。

更为重要的是更深层次的心理因素，比如尽在掌控中的感觉。促成这种心理的一个因素是线上的选择空间比线下大。人们更愿意选择自己想要的东西，而不是零售商决定出售的商品，人们也想要更多的选择来满足这个愿望。

因此，提供大量选择或高度个性化服务的网店可能会获得良好的市场表现。

讨喜，喜欢你的消费者且让消费者喜欢你

网店要表现出对消费者的喜爱，消费者才有可能喜爱该网店，此外别无他法。商家要遵循一种微妙的心理逻辑原则：你喜欢他，他也会对你有好感。

优秀的网店向消费者示好的方式是，确保从消费者的角度出发设计网店，专注于消费者的具体需要，以及提供易于使用的导航和有效的搜索系统，这在第 3 章中已有讨论。当然，除了正确的设计外，网站背后的技术如购物车也必须选对，第 5 章和第 10 章对此做了说明。此外，在社交网络上分享购物也迎合了消费者想要受欢迎的需要，遵循第 7 章的准则就能做到这一点。

信息，让一切清晰可见

正如第 3 章中所提到的，许多人在网上搜索产品其实是为了查找信息。

如果网店能为消费者提供大量信息，而不只是产品，销售就会获得增长：消费者可以看到与产品相关的信息，更加确信自己购买的是合适的产品。消费者喜欢可以查看大量信息的网站，他们也许不会阅读所有的一切，但这让他们认为该网店有用，如果他们需要，就可以来这里寻求帮助。在你的网站上发布丰富的信息，就能抓住想要多了解信息的消费者。

清楚是信息的另一个方面，一些网店就是因此做得比其他网店更成功。这一点体现在商品描述和价格上，对此第 4 章已做过讨论。在最后付款之前，消费者希望提前知道要支付的金额，也希望商家能明确告诉他们需要支付哪些额外的费用，比如税费和邮费。

定制，提供个性化的关怀

在实体店，优秀的销售人员能够让消费者感觉到自己被当作独立的个体。事实上，如果商家设法做到这一点，就能够通过这种非常个性化的方式获取非常高的费用。正如第 6 章中所介绍的，提供类似个性化和定制化服务的网店对消费者很有吸引力。

定制不仅仅是用户登录后，简单地在网页顶部显示用户名，而是能够体现公司对消费者的关怀，以及能够支撑为消费者提供他们想要的网店体验的高超技术。

同时，定制的网店还提供灵活多样的交付选项，由客户根据自己的需求做出决定。第 2 章中介绍了这方面的例子。

知识，通过专业知识赢得信任

对于表现出对产品和所在领域有深刻了解的公司，消费者往往更加信任，而信任是驱动购买的关键心理因素。企业要让消费者确信自己是值得信赖的，这个问题在第 8 章和第 9 章做了探讨。

第 3 章中已提到，在线零售商要获得信任也需要品牌，以及企业因著名技术而获得的口碑。例如，你想和人谈论超市业务，如果对方来自沃尔玛，你就会觉得他很专业。同样，如果你想购买设计前卫的电脑，你可能会去苹果公司的门店。

无论身处哪个行业，展示自己是领域中的领导者和具有专业技术都非常重要，这一点在第 3 章和第 10 章中已有讨论。新型实体店已经脱颖而出：店内产品仅仅用作展示，专业销售人员帮助消费者选择合适的产品，然后在网店购买。

将点击系统付诸实施，再加上本书中所描述的更广阔的见解，将帮助网店和消费者在网络上建立起友好的关系。这样的网店能为消费者提供便利，并能帮助消费者选到自己想要的商品。它能迎合消费者的自我意识和受人欢迎的需要。它能让消费者因为了解了相关信息，而确信自己做出了正确的购物选择。它能体现对消费者的关怀，根据消费者的需要和愿望调整产品。最后，它能建立信任和权威，让消费者确信自己是从真正为他们服务的网店购买的商品。

CLICK.OLOGY

参考文献

01　人们为什么购物

1. https://www.learningseed.com/p-400-supermarkets-aisles-ofpersuasion.aspx.
2. Graves, P. (2010) Consumer.ology, London: Nicholas Brealey Publishing, 132.
3. http://www.dailymail.co.uk/femail/article-419077/Women-spendyears-life-shopping.html.
4. http://newsroom.bmo.com/press-releases/bmo-psychology-ofspending-report-impulse-shoppin-tsx-bmo-201209250821167001.
5. Euromonitor International (2012) World Retail Data and Statistics, 7th Edition, London.
6. http://www.psychologytoday.com/blog/sold/201207/what-motivates-impulse-buying.
7. Lane, W. & Manner, C. (2011) The impact of personality traits on smartphone ownership and use, International Journal of Business and Social Science, 2(11): 22.
8. http://thenextweb.com/apple/2012/09/14/one-third-americanswant-

iphone-5-56-blackberry-users-32-android-users-survey/.
9. Defoe, D. (1726) The Complete English Tradesman, London.
10. http://www.davidjones.com.au/About-David-Jones/The-Story-of-David-Jones.
11. Jamal, A., Davies, F.M., Chudry, F., & Al-Marri, M. (2006) Profiling consumers: A study of Qatari consumers' shopping motivations, Journal of Retailing and Consumer Services, 13: 67–80.

02　人们选择线上购买的原因

1. http://www.aldricharchive.com/snowball.html.
2. American Marketing Association (1984) *Marketing News*, 18(23): 3.
3. Bhatnagar, A., Misra, S., & Raghav Rao, H. (2000) On risk, convenience, and internet shopping behavior, *Communications of the ACM*, 43(11): 98–105.
4. http://www.pewinternet.org/Reports/2008/Online-Shopping.aspx.
5. Underhill, P. (2009) *Why We Buy*, New York: Simon & Schuster.
6. Corn, G.J., Chattopadhyay, A., Sengupta, J., & Tripathi, S. (2004) Waiting for the web: How screen color affects time perception, *Journal of Marketing Research*, XLI(May): 215–225.
7. Mowen, J.C. (2004) Exploring the trait of competitiveness and its consumer behavior consequences, *Journal of Consumer Psychology*, 4: 52–63.
8. http://repub.eur.nl/res/pub/7438/.
9. http://www.memphismuseums.org/sub_exhibit-2590/.
10. Kostecki, M. (1996) Waiting lines as a marketing issue, *European*

Management Journal, 14(3, June): 295–303.

11. http://www.collectplus.co.uk/.

03　洞悉消费者的线上购买行为

1. Jones, G. (1999) *Travel and Holidays on the Internet*, Plymouth: Internet Handbooks.

2. Kiel, C.G. & Layton, R.A. (1981) Dimensions of consumer information seeking behavior, *Journal of Marketing Research*, 18(2): 233–239.

3. Case, D.O. (2012) *Looking for Information: A Survey of Research on Information Seeking, Needs, and Behaviour*, 3rd edn, Bingley: Emerald Group Publishing.

4. Interbrand (2012) *Best Retail Brands 2012*, London: Interbrand.

5. Jansen, B.J., Booth, D.L., & Spink, A. (2007) Determining the user intent of web search engine queries, 16th international conference on World Wide Web, 1149–1150, New York: Association for Computing Machinery.

6. Compete.com (2012) *Seeing between the Lines of the Search and the Click*, Boston, MA: Kantar Media.

7. Lau, T. & Horvitz, E. (1999) Patterns of search: Analyzing and modeling web query refinement, Proceedings of the seventh international conference on User Modeling, 119–128, New York: Springer-Verlag.

8. Sub, Q. & Spears, N. (2012) Frustration and consumer evaluation of search advertising and search engine effectiveness, *Journal of Electronic Consumer Research*, 13(2).

9. Martin, C. (2011) *The Third Screen: Marketing to Your Customers in a World Gone Mobile*, London: Nicholas Brealey Publishing.
10. http://www.scribd.com/doc/129119710/Retail-Showrooming-In-Canada-A-report-from-GroupM-Next-and-Catalyst.
11. http://www.tescoplc.com/index.asp?pageid=17&newsid=593.
12. http://www.nellymoser.com/action-codes/qr-codes-retail-stores.
13. http://www.informationweek.co.uk/report-online-shoppers-have-a-4-second-a/193502066.
14. http://www.grahamjones.co.uk/2012/encyclopaedia/psycholog-yencyclopaedia/eye-tracking.html.
15. Crowder, R.G. & Wagner, R.K. (1992) *The Psychology of Reading*, Oxford: Oxford University Press.
16. Grimes, J. (1996) On the failure to detect changes in scenes across saccades, in K. Akins, *Perception*, Vancouver Studies in Cognitive Science, 2, New York: Oxford University Press, 89–110.
17. http://en.wikipedia.org/wiki/Change_blindness.
18. http://www.nngroup.com/topic/eyetracking/.
19. http://www.nngroup.com/articles/scrolling-and-attention/.
20. Yu, H.H., Chaplin, T.A., Davies, A.J., Verma, R., & Rosa, M.G.P. (2012) A specialized area in limbic cortex for fast analysis of peripheral vision, *Current Biology*, 22(12): 1351–1357.
21. http://www.webcredible.co.uk/blog/checkout-usability-issue.
22. http://www.poynter.org/extra/Eyetrack/.
23. http://www.bbc.co.uk/blogs/thereporters/rorycellanjones/2011/03/world_stores.html.

24. Gullstrand, J. Jörgensen, C. (2012) Local price competition: The case of Swedish food retailers, *Journal of Agricultural and Food Industrial Organization*, 10(1).

25. Jupiter Research Economic Downturn Online Consumer Survey, Q4 2008.

26. http://www.footfall.com/retail-traffic-global-indices/.

27. http://www.responsenow.com/plans/compare-us-to-the-competition.html.

28. http://www.statista.com/statistics/172685/monthly-unique-visitors-of-us-retail-websites/.

29. Heim, G.R. & Kingshuk, K.S. (2001) Operational drivers of customer loyalty in electronic retailing: An empirical analysis of electronic food retailers, *Manufacturing and Services Operations Management*, 3(3): 264.

30. http://www.nytimes.com/2012/09/10/technology/google-shopping-competition-amazon-charging-retailers.html.

04　价格决定一切

1. Wang, Y. & Krishna, A. (2010) Enticing for me but unfair to her: Can targeted pricing evoke socially conscious behavior? *Journal of Consumer Psychology*, http://www.sciencedirect.com/science/article/pii/S1057740811001070.

2. Huang, J.-H., Chang, C.-T., & Chen, C.Y.-H. (2005) Perceived fairness of pricing on the internet, *Journal of Economic Psychology*, 26(3): 343–361, http://www.sciencedirect.com/science/article/pii/S0167487004000558.

3. Thomas, M. & Morwitz, V. (forthcoming) Heuristics in numerical cognition: Implications for pricing, in *Handbook of Research in Pricing*,

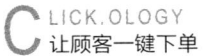

London: Edward Elgar; Johnson School Research Paper Series No. 1-08, http://ssrn.com/abstract=1082885.

4. Eerland, A., Guadalupe, T.M., & Zwaan, R.A. (2011) Leaning to the left makes the Eiffel Tower seem smaller: Posturemodulated estimation, *Psychological Science*, 22(Dec.): 1511–1514.

5. Switzer, J. (2007) *Instant Income*, New York: McGraw-Hill.

6. Gitomer, J. (2006) *The Little Red Book of Sales Answers*, Upper Saddle River, NJ: Prentice Hall.

7. http://www.smeal.psu.edu/cdt/ebrcpubs/res_papers/1999_04.pdf.

8. http://www.valassis.co.uk/PressRelease/ac7a6908-d0cc-4511-b2cc-54f6edc3dc4b.

9. Babukis, E., Tat, P., & Cunningham, W. (1988) Coupon redemption: A motivational perspective, *Journal of Consumer Marketing*, 5(2): 37–43.

10. http://articles.businessinsider.com/2012-01-26/tech/30665968_1_coupon-codes-groupon-online-coupons.

11. Shor, M. & Oliver, R. (2006) Price discrimination through online couponing: Impact on likelihood of purchase and profitability, *Journal of Economic Psychology*, 27(3): 423–440.

12. Cialdini, R. (1993) *Influence: The Psychology of Persuasion*, New York: William Morrow.

13. http://www.youngentrepreneur.com/startingup/startup-businessideas/overcoming-the-groupon-effect-how-to-sell-merchants-onyour-start-up-deal-site/.

14. http://www.nielsen.com/us/en/newswire/2011/deal-with-it-discounts-drive-brand-love-on-social-media.html.

15. http://www.marketingmagazine.co.uk/article/1156500/Email-marketing-approval-ratings-hit-time-high-claims-research.

16. Teena, B. & Abhishek, S. (2012) A study of viral marketing phenomenon: Special reference to videos and e-mails, *International Journal of Marketing and Management Research*, 3(5):37–49.

17. Harmon, S.K. & Hill, C.J. (2003) Gender and coupon use, *Journal of Product and Brand Management*, 12(3): 166–179.

18. Adcock, P. (2011) *Supermarket Shoppology, Shopping Behaviour*, Tamworth: Xplained.

19. http://on.wsj.com/12KAS0C.

20. Kannanm, P.K. & Kopalle, P.K. (2001) Dynamic pricing on the internet: Importance and implications for consumer behavior, *International Journal of Electronic Commerce*, 5(3): 63–83.

21. http://anzmac.info/conference/2007/papers/McKechnie_2.pdf.

22. http://www.cepr.org/meets/wkcn/6/6680/papers/Aguzzoni.pdf.

05　为什么放弃购物车

1. http://baymard.com/lists/cart-abandonment-rate.
2. http://www.internetretailer.com/2012/04/06/most-e-retailers-give-when-shoppers-abandon-carts.
3. http://seewhy.com/blog/2012/10/10/97-shopping-cart-abandonment-rate-mobile-devices-concern-you/.
4. http://econsultancy.com/uk/blog/10052-free-shipping-and-delivery-timing-are-key-for-customer-satisfaction.

5. Ariely, D. (2009) Predictably Irrational, London: HarperCollins.
6. http://unbounce.com/conversion-rate-optimization/case-studyyour-slow-shopping-cart-pages-are-killing-conversions-hereswhat-you-can-do-about-it/.
7. http://www.wordstream.com/blog/ws/2011/08/23/page-speed-conversion-rate-optimization.
8. http://blog.kissmetrics.com/loading-time/.
9. http://www.qubitproducts.com/services/research/page/2/.
10. http://www.marketingsherpa.com/article/new-ecommerce-research-website-tactics.
11. http://www.forbes.com/sites/georgeanders/2012/04/04/bezos-tips/.
12. http://blog.rejoiner.com/2012/06/amazon-shopping-cart-experience/.

06　让头回客变成回头客

1. http://www.success.com/articles/391-how-i-do-it-tony-hsieh-zappos-com.
2. http://www.ft.com/cms/s/0/98240e90-39fc-11e0-a441-00144feabdc0.html.
3. http://www.sciencedirect.com/science/article/pii/S0925527313001291.
4. http://www.dpreview.com/forums/post/37246032.
5. http://www.independent.co.uk/life-style/gadgets-and-tech/features/ipad-manual-not-included-1956027.html.
6. http://media.stellaservice.com/public/pdf/Customer_Experience_Impact_North_America.pdf.
7. http://www.synthetix.com/website_documents/Synthetix_Online_Customer_Service_Survey_2012.pdf.
8. http://youtu.be/Y-pDjKAjV1g.

9. Stromhetz, D.B., Rind, B., Fisher, R., & Lynn, M. (2002) Sweetening the till: The use of candy to increase restaurant tipping, *Journal of Applied Social Psychology*, 32(2): 300–309.

10. Joinson, A., McKenna, K., Postmes, T., & Reips, U.-D. (eds.) (2009) *The Oxford Handbook of Internet Psychology*, Oxford: Oxford University Press, 245–247.

11. http://www.eloqua.com/resources/marketing-insights/optimalnumber-of-form-fields.html.

12. Smith, J.L. (2012) *Relevant Selling*, New York: Executive Suite Press.

07　消费是一项社交活动

1. http://nytmarketing.whsites.net/mediakit/pos/.

2. Alicke, M.D. (1992) Complaining behavior in social interaction, *Personality and Social Psychology Bulletin*, 18(3): 286–295.

3. Meerman Scott, D. (2010) *Real Time Marketing and PR*, Hoboken, NJ: John Wiley.

4. http://www.internetretailer.com/2013/02/08/google-spurs-retailers-use-google.

08　信任感从何而来

1. Coker, B.L. (2012) Seeking the opinions of others online: Evidence of evaluation overshoot, *Journal of Economic Psychology*, 33(6): 1033–1042.

2. http://www.redorbit.com/news/science/1112728587/instinct-intellect-decisions-tel-aviv-university-110912/.

09　所有骗局都会被揭穿

1. Salerno, S. (2005) *SHAM*, London: Nicholas Brealey Publishing.
2. Kamins, M.A., Folkes, V.S., & Fedorikhin, A. (2009) Promotional bundles and consumers' price judgements; When the best things in life are not free, *Journal of Consumer Research*, 36(4): 660–670.
3. http://cwru-daily.com/news/psychology-research-finds-surprisewin-or-loss-impacts-likelihood-of-risk-taking/.
4. http://en.wikipedia.org/wiki/Milgram_experiment.
5. http://www.bleepingcomputer.com/virus-removal/remove-fbi-anti-piracy-warning-ransomware.
6. http://pro.sagepub.com/content/52/6/557.short.
7. Bahr, G.S. & Ford, R.A. (2011) How and why pop-ups don't work: Pop-up prompted eye movements, user affect and decision making, *Computers in Human Behavior*, 27(2): 776–783.
8. Dunn, B. (2012) Gut feelings and the reaction to perceived inequity, *Cognitive, Affective, and Behavioral Neuroscience*, 12(3): 419–429.
9. http://www.psychologytoday.com/blog/ulterior-motives/201109/the-upside-and-downside-envy.

10　打造完美的线上体验

1. Underhill, P. (2009) *Why We Buy*, New York: Simon & Schuster.
2. http://www.staff.uni-mainz.de/oberfeld/wine2.html.

11　线上零售业的未来

1. Conor, D. (2006) *Managing at the Speed of Change*, New York: Villard Books.
2. http://www.thedrum.com/news/2013/01/04/research-shows-almost-half-all-clothing-purchases-made-online-are-returnedjanuary.
3. http://www.smartplanet.com/blog/bulletin/how-to-hug-a-chicken-taste-bitterness-via-the-internet/3958.
4. http://www.gartner.com/technology/research/methodologies/hype-cycle.jsp.
5. http://www.aspleyconsultants.co.uk/why-do-some-high-streetbrands-fail-and-others-thrive-clue-its-not-because-of-the-internet/.
6. http://www.pwc.com/gx/en/retail-consumer/retail-consumerpublications/global-multi-channel-consumer-survey/countrysnapshots.jhtml.

未来,属于终身学习者

> 我这辈子遇到的聪明人(来自各行各业的聪明人)没有不每天阅读的——没有,一个都没有。巴菲特读书之多,我读书之多,可能会让你感到吃惊。孩子们都笑话我。他们觉得我是一本长了两条腿的书。
>
> ——查理·芒格

互联网改变了信息连接的方式;指数型技术在迅速颠覆着现有的商业世界;人工智能已经开始抢占人类的工作岗位……

未来,到底需要什么样的人才?

改变命运唯一的策略是你要变成终身学习者。未来世界将不再需要单一的技能型人才,而是需要具备完善的知识结构、极强逻辑思考力和高感知力的复合型人才。优秀的人往往通过阅读建立足够强大的抽象思维能力,获得异于众人的思考和整合能力。未来,将属于终身学习者!而阅读必定和终身学习形影不离。

很多人读书,追求的是干货,寻求的是立刻行之有效的解决方案。其实这是一种留在舒适区的阅读方法。在这个充满不确定性的年代,答案不会简单地出现在书里,因为生活根本就没有标准确切的答案,你也不能期望过去的经验能解决未来的问题。

湛庐阅读APP:与最聪明的人共同进化

有人常常把成本支出的焦点放在书价上,把读完一本书当做阅读的终结。其实不然。

时间是读者付出的最大阅读成本
怎么读是读者面临的最大阅读障碍
"读书破万卷"不仅仅在"万",更重要的是在"破"!

现在,我们构建了全新的"湛庐阅读"APP。它将成为你"破万卷"的新居所。在这里:

- 不用考虑读什么,你可以便捷找到纸书、有声书和各种声音产品;
- 你可以学会怎么读,你将发现集泛读、通读、精读于一体的阅读解决方案;
- 你会与作者、译者、专家、推荐人和阅读教练相遇,他们是优质思想的发源地;
- 你会与优秀的读者和终身学习者为伍,他们对阅读和学习有着持久的热情和源源不绝的内驱力。

从单一到复合,从知道到精通,从理解到创造,湛庐希望建立一个"与最聪明的人共同进化"的社区,成为人类先进思想交汇的聚集地,共同迎接未来。

与此同时,我们希望能够重新定义你的学习场景,让你随时随地收获有内容、有价值的思想,通过阅读实现终身学习。这是我们的使命和价值。

湛庐阅读APP玩转指南

湛庐阅读APP结构图：

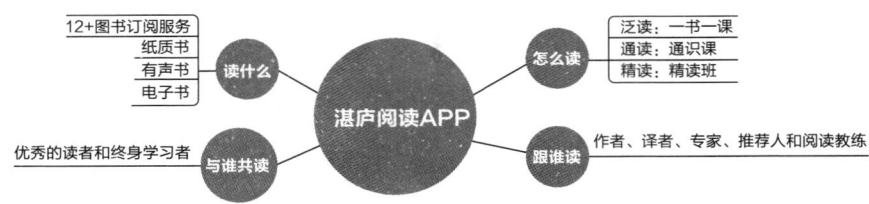

三步玩转湛庐阅读APP：

APP获取方式：
安卓用户前往各大应用市场、苹果用户前往APP Store
直接下载"湛庐阅读"APP，与最聪明的人共同进化！

使用APP扫一扫功能，
遇见书里书外更大的世界！

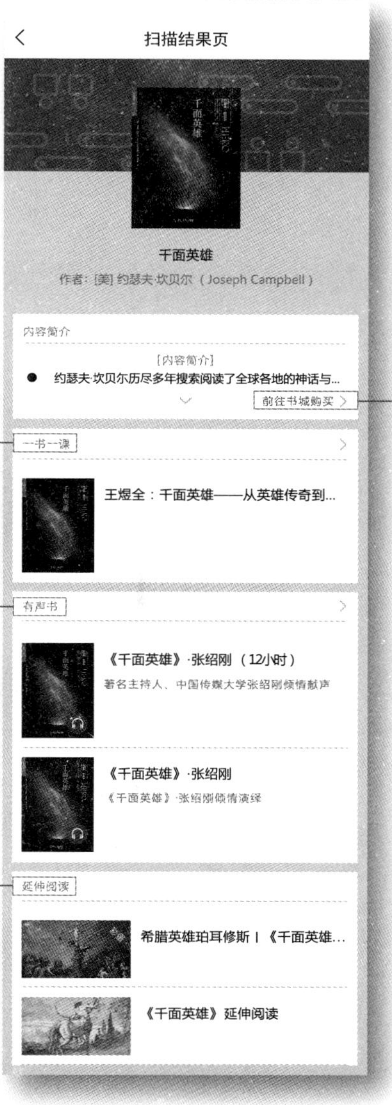

快速了解本书内容，
湛庐千册图书一键购买！

大咖优质课、
献声朗读全本一键了解，
为你读书、讲书、拆书！

你想知道的彩蛋
和本书更多知识、资讯，
尽在延伸阅读！

延伸阅读

《屏幕上的聪明决策》

◎ "行为经济学之父"理查德·泰勒最欣赏的合作搭档、行为经济学巨星什洛莫·贝纳茨颠覆之作。

◎ 浙江大学经济学教授、跨学科社会科学研究中心主任叶航,信息社会50人论坛轮值主席姜奇平,中国零售业资深IT专家杨德宏,知乎30万赞同答主刘飞,诺贝尔经济学奖获得者罗伯特·希勒,《怪诞行为学》作者丹·艾瑞里等联袂推荐。

《不可消失的门店》

◎ 后电商时代的消费行为学。

◎ 首次深度剖析实体与电商发展历程,坚实奠定零售实践理论基础,引领实体与电商零售企业实现全渠道布局,构建场景新体验,打造未来新零售时代。

《超市里的原始人》

◎ 进化心理学应用在消费领域的颠覆性著作。

◎ 畅销书《影响力》作者罗伯特·西奥迪尼、畅销书《理性乐观派》作者马特·里德利、畅销书《演化心理学导论》作者迪伦·伊文斯联袂推荐。

《用脑拿订单》套装

◎ 营销及销售行为专家、高级营销顾问孙路弘老师经典力作。

◎ 为中国销售人员量身打造,还原真实的销售场景,帮助销售人员发现自身的问题,在不知不觉中强化自己的销售能力,学会用脑拿订单,实现销售业绩的大幅提升。

Click.ology: What Works in Online Shopping and How Your Business Can Use Consumer Psychology to Succeed.

Copyright © 2014 by Graham Jones.

This Translation is published by arrangement with Nicholas Brealey Publishing and Andrew Nurnberg Associates International Limited.

All rights reserved.

本书中文简体字版由作者授权在中华人民共和国境内独家出版发行。未经出版者书面许可，不得以任何方式抄袭、复制或节录本书中的任何部分。

版权所有，侵权必究。

图书在版编目（CIP）数据

让顾客一键下单 /（英）格雷厄姆·琼斯著；盛杨燕译 .—北京：北京联合出版公司，2018.3
ISBN 978-7-5596-1669-2

Ⅰ. ①让… Ⅱ. ①格… ②盛… Ⅲ. ①市场营销学 Ⅳ. ① F713.50

中国版本图书馆 CIP 数据核字（2018）第 020234 号
著作权合同登记号
图字：01-2017-9149

上架指导：企业管理 / 零售

版权所有，侵权必究
本书法律顾问　北京市盈科律师事务所　崔爽律师
　　　　　　　　　　　　　　　　　　张雅琴律师

让顾客一键下单

作　　者：[英] 格雷厄姆·琼斯
译　　者：盛杨燕
选题策划：湛庐文化
责任编辑：张　萌
封面设计：MXK DESIGN STUDIO
版式设计：湛庐文化　杨静玉

北京联合出版公司出版
（北京市西城区德外大街 83 号楼 9 层　100088）
石家庄继文印刷有限公司　新华书店经销
字数 170 千字　720 毫米 × 965 毫米　1/16　16 印张　1 插页
2018 年 3 月第 1 版　2018 年 3 月第 1 次印刷
ISBN 978-7-5596-1669-2
定价：62.90 元

未经许可，不得以任何方式复制或抄袭本书部分或全部内容
版权所有，侵权必究
本书若有质量问题，请与本公司图书销售中心联系调换。电话：010-56676356